DAS GESUNDE Airfryer KOCHBUCH

DAS GESUNDE

Airfryer

KOCHBUCH

100 kreative Rezepte für die Heißluftfritteuse

Dana Angelo White

Inhalt

Einmaleins des Heiß-luftfrittierens 9

Frühstück & Brunch .. 17

Hauptspeisen 45

Beilagen 79

Kleine Gerichte & Snacks

Süßes & Desserts

Einleitung

Ich bin zertifizierte Ernährungsberaterin und bekennende Feinschmeckerin. Passt das zusammen? Sehr gut sogar!

Die Liebe für Selbstgekochtes wurde mir schon früh von zu Hause mitgegeben: Eine selbst zubereitete Mahlzeit war in unserer Familie gleichbedeutend mit Liebe und Freude. Als ich später Ernährungswissenschaften studierte, lernte ich, dass nur gesundes Essen *echte* Nahrung ist. Und dass man kaum mehr als frische Zutaten und ein paar einfache Zubereitungsarten braucht, um ein schmackhaftes Gericht zu zaubern. Aber da ich Mutter dreier Kinder bin, muss es nicht nur gesund sein, sondern auch schnell gehen!

Auch ich mag Pizza, Burger und Süßes. Allerdings esse ich nur kleine Mengen davon. Und wenn ich mein Wissen dazu nutzen kann, manche Gerichte noch leckerer und dabei gesünder zu machen, bin ich mit Feuereifer dabei.

Um dieses Buch zu schreiben, habe ich mich auf kulinarisches Neuland gewagt, vor allem weil es galt, die Besonderheiten der Heißluftfritteuse kennenzulernen und eine neue Zubereitungsart zu entdecken. Zuerst war ich skeptisch und habe mich gefragt, ob dieses Gerät einen echten Mehrwert hat – bis ich angefangen habe, damit zu arbeiten.

Mehr als 100 Rezepte später bin ich begeistert von der Vielseitigkeit des Airfryers und stolz, das Ergebnis meiner Versuche mit Ihnen zu teilen. Ich wünsche mir, dass jeder, der diese Rezepte ausprobiert, erkennt, welchen Nutzen dieses Gerät hat und wo man es einsetzen kann: überall, wo es eine Steckdose gibt. So macht Kochen auch im Campingurlaub, in winzigen Appartements oder im Studentenwohnheim Spaß.

> **... ich brenne dafür,** Gerichte **leckerer** und gleichzeitg **gesünder** zu machen.

Die Gerichte in diesem Buch werden vor allem durch die Portionsgrößen gesund. Genießen Sie weiterhin Donuts, Pizza und Pommes frites, aber in Maßen. Das wird Ihnen und Ihrer Gesundheit gut tun, denn auf diese Weise reduzieren Sie zugleich auch den Fett-, Natrium- und Kaloriengehalt Ihrer Speisen.

Nutzen Sie den Airfryer, um eine schnelle Mahlzeit oder Fingerfood für eine Party zuzubereiten. In diesem Buch finden Sie Rezepte für jede Gelegenheit – vom Spielenachmittag mit den Kindern bis zum Wochenendausflug. Um die Ernährung ausgewogen zu gestalten, ist es auch nicht verkehrt, die Rezepte in diesem Buch ab und an durch einen knackigen Salat zu ergänzen. Und natürlich werden sicher nicht Pfanne, Topf und Herd komplett aus der Küche verbannt werden. Der Airfryer eignet sich hervorragend als Ergänzung, wenn es schnell gehen muss oder man kleine Portionen zubereitet. Und natürlich als Alternative zur herkömmlichen Fritteuse.

Was Sie auch in der Heißluftfritteuse zubereiten, machen Sie es lecker und mit viel Freude!

– Dana Angelo White

Danksagung

Dieses Buch zu schreiben, war ein echtes kulinarisches Abenteuer. Jeden Tag habe ich auf der Suche nach weiteren Einsatzmöglichkeiten für den Airfryer Neuland betreten.

Dass die Entwicklung dieses Buches vor allem ein Vergnügen war, verdanke ich der Unterstützung und dem Organisationstalent von Christopher Stolle, Brook Farling und dem gesamten Team bei Alpha und DK. Vielen Dank an Carolyn Doyle, die meine Rezepte getestet und mit ihrer Rückmeldung dazu beigetragen hat, dass ich auf dieses Buch wahrlich stolz sein kann.

Meine Rezepte wären nie gelungen ohne meine vier versierten und wunderbaren Testesser: Zack, Madeline, Charlotte und Isla. Danke, dass ihr meine Kreationen gekostet habt und dabei immer fröhlich und (manchmal brutal) ehrlich wart. Ihr seid mein Ein und Alles und macht mich jeden Tag zu einer besseren Köchin.

Danksagung des Verlags
Der Verlag dankt JD Schuyler für die Beleuchtung und Rana Salame Striedinger für das Foodstyling.

Über die Autorin

Dana Angelo White
ist zertifizierte Diät- und Ernährungsberaterin. Sie ist Gründerin und Inhaberin von Dana White Nutrition und spezialisiert auf Online-ernährungsberatung und Rezeptentwicklung. Außerdem ist Dana White als Ernährungexpertin für FoodNetwork.com tätig, hat den Healthy Eats Blog der Webseite aus der Taufe gehoben und ist Kochbuchautorin.

EINMALEINS DES HEISSLUFT-FRITTIERENS

In diesem Kapitel erfahren Sie, wie die Heißluftfritteuse funktioniert, warum sie besser ist als eine herkömmliche Fritteuse und wie Sie den Airfryer am besten einsetzen.

Was ist eine Heißluftfritteuse?

Eine Heißluftfritteuse »frittiert« Speisen schnell und gesund in heißer Umluft. Sie benötigen dazu fast kein Fett, sparen so Kalorien, ernähren sich gesünder – und können weiterhin all Ihre köstlich-knusprigen Lieblingsgerichte genießen.

Wie sie funktioniert

Die Heißluftfritteuse ist vergleichbar mit einem leistungsstarken Umluftofen. Die Speisen garen darin durch besonders heiße Luftströme, die von einem Ventilator gleichmäßig im Garraum verteilt werden. Als Ergebnis erhalten Sie köstliche, knusprige Speisen mit goldbrauner Kruste. Die Aromen bleiben erhalten, aber da der Airfryer so gut wie kein Fett zum Garen benötigt, sind die Gerichte gesünder und kalorienärmer als in ihrer klassischen frittierten oder gebratenen Version.

Aber Sie sparen nicht nur Fett und Kalorien, sondern erhalten durch die schonende Zubereitung im Airfryer auch wertvolle Inhaltsstoffe und können sogar frische, gesunde Zutaten verwenden, die den hohen Temperaturen in der Fritteuse nicht standhalten würden.

Ventilator drückt Luft nach unten

Heizspirale erhitzt Luft

Luftzirkulation sorgt für gleichbleibende Temperatur

EIN MODERNES GERÄT FÜR DIE GESUNDE KÜCHE
Diese Illustration zeigt, wie die Heißluftfritteuse funktioniert – ganz ähnlich wie ein Umluftofen.

Warum sie besser ist

Ihre Heißluftfritteuse kann eine ganze Menge mehr als nur frittieren. Sie können sie jeden Tag für jedes beliebige Gericht benutzen. So kann der Airfryer theoretisch jedes andere Gerät in Ihrer Küche ersetzen.

Sie ist unglaublich vielseitig

Mit dem Airfryer können sie nicht nur heißluft-frittieren, sondern auch backen, braten und sogar grillen. Die meisten Hersteller bieten eine ganze Reihe von Zubehör an, welches die Heiß-luftfritteuse noch vielseitiger macht. So werden im Grunde viele Küchengeräte überflüssig.

Sie ist gesünder

Die Heißluftfritteuse nutzt die Luftzirkulation zum Garen von Speisen. Hocherhitzte Luft zirkuliert dabei durch den Garraum und sorgt dafür, dass die Aromen im Kochgut erhalten bleiben und krosse, knusprige Texturen entstehen, die wir an frittierten Speisen so mögen.

Sie zu reinigen ist ein Klacks

Man sollte das Innere lediglich feucht auswischen und den Korbeinsatz mit Spülmittel abwaschen. Überschüssiges Fett spritzt nicht, sondern tropft in einen Auffangbehälter und kann einfach mit einem feuchten Tuch entfernt werden.

Sie ist praktisch

Die Heißluftfritteuse ist so kompakt, dass sie problemlos auf Ihre Küchenarbeitsfläche passt. Sie nimmt weniger Platz ein als andere Küchen-geräte, ist aber vielseitiger. So können Sie sie zum Beispiel auch benutzen, um Reste aufzuwärmen oder weich gewordene panierte Speisen knus-prig aufzubacken.

Sie ist schnell

Da in der Heißluftfritteuse hocherhitzte Luft zirku-liert, verkürzt sich die Garzeit im Vergleich zur Zubereitung in einem Umluftofen. Viele Airfryer verfügen über voreingestellte Programme – so wird es ganz leicht, Garzeiten und -temperaturen genau zu überwachen.

Heißluft zirkuliert über alle Ebenen des Garraums

Boden des Gar-raums treibt heiße Luft empor

Airfryer contra Fritteuse

Die Heißluftfritteuse punktet nicht nur in Sachen Vielseitigkeit und Bedienungskomfort, sondern vor allem damit, dass sie so gut wie kein Fett benötigt. Im Airfryer zubereitete Speisen sind also gesünder und weniger kalorienreich als auf herkömmliche Weise frittierte Gerichte.

Pommes frites aus dem Airfryer

Aus zwei großen, mehligkochenden Kartoffeln können Sie eine Portion Pommes frites machen, die weniger Kalorien und Fett enthält als herkömmlich frittierte Pommes. Sie haben ein feines Kartoffelaroma, sind wunderbar braun und knusprig und obendrein deutlich gesünder.

204 KALORIEN

5 g FETT

Keine Fettflecken auf dem Backpapier bei Speisen aus dem Airfryer!

Pommes frites aus dem Airfryer enthalten **70–80 % weniger Fett** als die aus Ihrem Lieblingsburgerladen.

500
KALORIEN

24 g
FETT

Pommes frites aus der Fritteuse

Eine große Portion frittierte Pommes kann mehr als doppelt so viele Kalorien und fast fünfmal so viel Fett enthalten wie Pommes aus der Heißluftfritteuse. Das heißt, bei einer Portion herkömmlicher Pommes stecken allein 220 Kalorien im Frittierfett – 40 % Ihres Tagesbedarfs an Fett in einem Snack!

Durch fettgebackene Speisen nehmen Sie mehr Fett zu sich, als Ihnen bewusst ist!

Gesündere Alternativen

Olivenöl und Rapsöl: Für manche Rezepte in diesem Buch benötigen Sie etwas zusätzliches Öl. Das ist entweder Oliven- oder Rapsöl, beide enthalten viele ungesättigte Fettsäuren, die wichtig für die Herzgesundheit sind. Raffinierte Öle werden Sie in diesem Buch hingegen nicht finden, da diese ungesunde Transfettsäuren enthalten.

Butter und Margarine: Achten Sie bei Margarine darauf, dass sie einen hohen Pflanzenölanteil hat und wenig gehärtete Fette enthält. Darin sind bis zu 60 % weniger (ungesunde) gesättigte Fettsäuren enthalten als in Butter, was den Cholesterinspiegel senken und das Herz gesund erhalten kann. Butter ist dennoch Teil einer gesunden und schmackhaften Ernährung, solange man sie in Maßen verwendet.

Mit Olivenöl wird Heißluftfrittieren einfacher – und gesünder!

Tipps & Tricks

Einer der größten Vorteile der Heißluftfritteuse ist die kinderleichte Zubereitung all Ihrer Lieblingsgerichte. Und mit ein paar Tipps und Tricks gelingen sie Ihnen garantiert jedes Mal.

Die Einsätze mit Backpapier auslegen

Wenn Sie den Korbeinsatz oder das Backblech der Heißluftfritteuse mit Backpapier auslegen, erleichtern Sie sich das Reinigen. Das Backpapier saugt das meiste überschüssige Fett auf, ist aber nicht brennbar.

Die Heißluftfritteuse vorheizen

Durch das Vorheizen garen die Speisen im Airfryer gleichmäßiger, denn die Umluft hat bereits die optimale Temperatur und Zirkulation, wenn Sie das Gargut in die Heißluftfritteuse einsetzen. Das Vorheizen dauert maximal 3 Minuten.

Den Airfryer regelmäßig reinigen

Am besten verwenden Sie einen feuchten Spüllappen, um den Garraum und den Korbeinsatz nach jedem Gebrauch auszuwischen. Wenn Sie fettreichere Lebensmittel wie Fleisch oder panierte Speisen im Airfryer zubereiten, kann es nötig sein, die Zubehörteile in warmem Spülwasser einzuweichen, bevor Sie sie reinigen können.

Panierte Lebensmittel aufs Backblech geben

Der Heißluftstrom im Airfryer kann winzige Stückchen der Panade ablösen, sodass sie im Garraum umherfliegen. Dies lässt sich vermeiden, indem man Paniertes im Backblech gart. Zudem verhindert das Backblech, dass Speisen zerfallen und den Garraum verschmutzen.

Fett abgießen, damit es nicht raucht

Wenn Fett von Lebensmitteln tropft, kann es leicht verbrennen und Rauch steigt aus dem Airfryer auf. Sollte das passieren, halten Sie das Gerät an und gießen Sie das Fett vorsichtig aus der Pfanne ab oder nehmen Sie es mit Küchenpapier auf. Setzen Sie die Pfanne anschließend wieder ein und starten Sie den Airfryer wieder.

Schwenken für gleichmäßiges Garen

Sollte einmal etwas aus dem Airfryer nicht gleichmäßig durchgegart sein, könnte es daran liegen, dass der Korbeinsatz zu voll war. Damit alles schön gleichmäßig gart, halten Sie den Airfryer ein- bis zweimal an und schwenken Sie das Gargut vorsichtig im Korbeinsatz. So verteilt sich der Inhalt neu und wird rundum knusprig braun.

Lohnenswertes Zubehör

Für die meisten Rezepte in diesem Buch verwendet man den Korbeinsatz, der standardmäßig zum Airfryer gehört. Für manche benötigen Sie jedoch ein Backblech. Auch die Anschaffung einer Grillpfanne kann sich lohnen.

Backblech

Ein Muss für alle Kuchen, Dips oder Aufläufe! Eine runde Backform mit 15 cm Durchmesser funktioniert zwar auch, aber dieses quadratische, antihaftbeschichtete Blech wurde eigens für die Heißluftfritteuse entwickelt.

Grillpfanne

Der antihaftbeschichtete Einsatz eignet sich perfekt, um Fleisch, Fisch oder Gemüse scharf anzubraten oder zu grillen. Man hängt ihn an derselben Stelle ins Gerät ein wie den Korbeinsatz. Damit bekommen Sie auch im Airfryer wunderbare Grillstreifen hin!

ÜBER DIE REZEPTE

Die Rezepte in diesem Buch wurden entwickelt für und getestet im Philips Airfryer HD9220 und HD9230. Wenn Sie ein neues Rezept ausprobieren, schauen Sie am besten kurz vor Ende der Garzeit nach Ihren Speisen und regulieren Sie, falls nötig, Garzeit oder Temperatur entsprechend. In den meisten Rezepten werden Sie dazu aufgefordert, den Gareinsatz mit Backspray einzusprühen. Dieses ist nicht in den Nährwertangaben enthalten, da es sich darauf nicht nennenswert auswirkt. Am besten verwenden Sie ein Backspray auf Rapsölbasis.

FRÜHSTÜCK & BRUNCH

Im Airfryer können Sie fast jede Frühstücksvariation zubereiten – sei es für die schnelle Lösung unter der Woche oder für den ausgiebigen Brunch am Wochenende.

301 KALORIEN PRO PORTION

ERGIBT **2 Portionen**
VORBEREITUNG **5 Minuten**
GARZEIT **10 Minuten**
RUHEZEIT **5 Minuten**
TEMPERATUR **150 °C**

Eine köstliche Mischung aus Porridge und Kürbisbrot. Mit diesem eifreien Rezept können Sie in erdigen Herbstaromen schwelgen.

Kürbis-porridge

75 g Haferflocken

2 EL Rosinen

1 Msp. gemahlener Zimt

1 Prise grobes Salz

110 g Kürbispüree (s. Tipp)

2 EL Ahornsirup

230 ml Milch (1,5 % Fett)

1. Den Airfryer auf 150 °C vorheizen.

2. Haferflocken, Rosinen, Zimt und Salz in einer Schüssel vermischen. Dann Kürbispüree, Ahornsirup und Milch unterrühren.

3. Das Backblech des Airfryers mit Backspray einsprühen, dann die Haferflockenmischung hineingeben und 10 Minuten garen.

4. Den Porridge aus dem Airfryer nehmen und vor dem Servieren mit dem Backblech 5 Minuten auf einem Kuchengitter abkühlen lassen.

Tipp:

Kürbispüree lässt sich im Handumdrehen selbst herstellen. Einfach 220 g Hokkaidokürbis entkernen, grob würfeln und mit wenig Wasser in einen Topf geben. Auf mittlerer Hitze köcheln lassen, bis das Kürbisfleisch weich ist. Im Mixer pürieren.

NÄHRWERTE PRO PORTION

Fett gesamt **4 g**	Cholesterin **8 mg**	Kohlenhydrate **57 g**	Zucker **26 g**
ges. Fettsäuren **1 g**	Natrium **140 mg**	Ballaststoffe **6 g**	Protein **10 g**

Kerniger Haferbrei und süßer Apfel ergeben ein wärmendes und sättigendes Frühstück für einen energiegeladenen Start in den Tag.

Haferbrei mit Apfelkompott

183 KALORIEN PRO PORTION

ERGIBT **2 Portionen**
VORBEREITUNG **5 Minuten**
GARZEIT **30 Minuten**
RUHEZEIT **5 Minuten**
TEMPERATUR **200 °C**

75 g Haferschrot

1 Prise grobes Salz

1 großer, süßer Apfel (z. B. Gala), entkernt und in 10 Scheiben geschnitten

1 Msp. gemahlener Zimt

1 EL Zucker

1. Den Haferschrot in einem mittelgroßen Topf mit Salz und 950 ml Wasser verrühren. Kurz aufkochen lassen, dann die Temperatur reduzieren und bei schwacher Hitze 30 Minuten offen köcheln lassen, bis der Haferschrot weich ist. Beiseitestellen.

2. In der Zwischenzeit den Airfryer auf 200 °C vorheizen.

3. Den Korbeinsatz des Airfryers mit Backspray einsprühen, die Apfelscheiben hineingeben und 10 Minuten garen.

4. Während die Apfelscheiben garen, den gemahlenen Zimt mit dem Zucker in einer kleinen Schüssel mischen. Beiseitestellen.

5. Die Apfelscheiben aus dem Airfryer nehmen, auf einem Servierteller anrichten und mit 1 TL Zimtzucker bestreuen. (Den restlichen Zimtzucker für ein anderes Mal aufheben.)

6. Die Äpfel 5 Minuten abkühlen lassen, dann auf dem Haferbrei anrichten und servieren.

NÄHRWERTE PRO PORTION

Fett gesamt **3 g**	Cholesterin **0 mg**	Kohlenhydrate **36 g**	Zucker **8 g**
ges. Fettsäuren **1 g**	Natrium **36 mg**	Ballaststoffe **5 g**	Protein **5 g**

236 KALORIEN PRO PORTION

ERGIBT **6 Portionen**
VORBEREITUNG **10 Minuten**
GARZEIT **12–14 Minuten**
RUHEZEIT **10 Minuten**
TEMPERATUR **200 °C**

Ja, Sie können im Airfryer auch Kuchen backen! Diese saftig-kernige Variante mit Heidelbeeren schmeckt wie frisch vom Bäcker und ist perfekt fürs Sonntagsfrühstück.

Haferkuchen mit Heidelbeeren

130 g Mehl

75 g Haferflocken (Zartblatt)

1 Msp. Backpulver

1 Prise grobes Salz

1 Msp. gemahlener Zimt

1 Ei (Größe L), verquirlt

90 g brauner Zucker

225 g Apfelmark

50 ml Rapsöl

60 ml Milch (1,5 % Fett)

150 g Heidelbeeren

1 TL Puderzucker

1. Den Airfryer auf 200 °C vorheizen.

2. Mehl, Haferflocken, Backpulver, Salz und Zimt in einer großen Rührschüssel miteinander vermengen. Beiseitestellen.

3. In einer zweiten Schüssel Ei, Zucker, Apfelmark, Rapsöl und Milch miteinander verquirlen.

4. Die Eimischung zur Mehlmischung geben und beides miteinander verrühren, bis sich alle Zutaten gut verbunden haben. Dann die Heidelbeeren vorsichtig unterheben.

5. Das Backblech des Airfryers mit Backspray einsprühen. Den Rührteig gleichmäßig auf dem Blech verteilen und 12–14 Minuten backen, bis die Oberfläche goldbraun ist. Der Kuchen ist fertig, wenn an einem in der Mitte hineingesteckten Holzstäbchen kein Teig mehr haften bleibt.

6. Den Kuchen aus dem Airfryer nehmen und mit dem Backblech 10 Minuten auf einem Kuchengitter abkühlen lassen. Mit dem Puderzucker bestäuben, in sechs gleich große Stücke schneiden und servieren.

NÄHRWERTE PRO PORTION

Fett gesamt **11 g**	Cholesterin **31 mg**	Kohlenhydrate **32 g**	Zucker **12 g**
ges. Fettsäuren **1 g**	Natrium **61 mg**	Ballaststoffe **2 g**	Protein **4 g**

277 KALORIEN PRO PORTION

ERGIBT **1 Portion**
VORBEREITUNG **5 Minuten**
GARZEIT **14 Minuten**
TEMPERATUR **180 °C**

Dieser Burrito ist unglaublich aromatisch und durch die schwarzen Bohnen und die Vollkorntortilla sehr nährstoffreich – das gibt Power für den Tag!

Burrito mit Ei, Pilzen & Bohnen

2 EL schwarze Bohnen (Dose), gewaschen und abgetropft

90 g kleine braune Champignons, in Scheiben geschnitten

1 TL Olivenöl

1 Prise grobes Salz

1 Ei (Größe L)

1 Scheibe Cheddar (18,5 % Fett)

1 Weizenvollkorntortilla (8 cm ø)

Chilisauce (nach Belieben)

1. Den Airfryer auf 180 °C vorheizen.

2. Das Backblech des Airfryers mit Backspray einsprühen. Schwarze Bohnen und Champignons daraufgeben, mit Olivenöl beträufeln und mit Salz würzen.

3. Das Gemüse 5 Minuten garen, dann den Airfryer anhalten, das Ei aufschlagen und über das Gemüse geben. Weitere 8 Minuten garen, bis das Ei die gewünschte Konsistenz erreicht hat.

4. Den Airfryer nochmals anhalten, das Ei mit dem Käse belegen und noch 1 Minute überbacken.

5. Das Backblech aus dem Airfryer nehmen. Bohnen und Ei mit einem Pfannenwender auf die Vollkorntortilla geben. Die Seiten der Tortilla nach innen einschlagen und die Tortilla von vorne nach hinten aufrollen. Warm und nach Belieben mit Chilisauce genießen.

Ein ähnliches Frühstück beim Mexikaner hat meist mehr als 500 Kalorien!

NÄHRWERTE PRO PORTION

Fett gesamt **12 g**	Cholesterin **189 mg**	Kohlenhydrate **26 g**	Zucker **2 g**
ges. Fettsäuren **5 g**	Natrium **306 mg**	Ballaststoffe **6 g**	Protein **16 g**

Mit diesem Frühstück aus knackigem Grünkohl, luftigen Eiern und cremigem Feta landen Sie schon morgens einen Volltreffer.

Grünkohlfrittata mit Feta

216 KALORIEN PRO PORTION

ERGIBT **2 Portionen**
VORBEREITUNG **5 Minuten**
GARZEIT **11 Minuten**
RUHEZEIT **5 Minuten**
TEMPERATUR **180 °C/150 °C**

100 g Grünkohl, gehackt

1 TL Olivenöl

4 Eier (Größe L), verquirlt

1 Prise grobes Salz

3 EL zerbröckelter Feta

1. Den Airfryer auf 180 °C vorheizen.

2. Das Backblech des Airfryers mit Backspray einsprühen. Den Grünkohl darauf verteilen, mit dem Olivenöl beträufeln und 3 Minuten garen.

3. In der Zwischenzeit Eier und Salz mit 2 EL Wasser in einer Schüssel verquirlen.

4. Den Airfryer anhalten. Die Eier über den Grünkohl geben und mit dem Feta bestreuen. Die Temperatur auf 150 °C reduzieren und alles weitere 8 Minuten garen.

5. Die Frittata aus dem Airfryer nehmen und mit dem Backblech auf einem Kuchengitter 5 Minuten abkühlen lassen, dann halbieren und servieren.

NÄHRWERTE PRO PORTION

Fett gesamt **15 g**	Cholesterin **385 mg**	Kohlenhydrate **5 g**	Zucker **2 g**
ges. Fettsäuren **6 g**	Natrium **354 mg**	Ballaststoffe **1 g**	Protein **16 g**

Diese herzhaften Sandwiches enthalten viel Protein für einen guten Start in den Tag. Durch den Kasseler Schinken sind sie fettärmer als mit Frühstücksspeck.

305 KALORIEN PRO PORTION

ERGIBT **2 Portionen**
VORBEREITUNG **5 Minuten**
GARZEIT **8 Minuten**
RUHEZEIT **2–3 Minuten**
TEMPERATUR **180 °C**

Schinken-Ei-Sandwich

2 Eier (Größe L)

1 Prise grobes Salz (+ etwas mehr zum Anrichten)

1 Prise frisch gemahlener schwarzer Pfeffer (+ etwas mehr zum Anrichten)

2 Scheiben Kasseler Schinken

2 dünne Scheiben Cheddar

2 Vollkorn-Toasties

1. Den Airfryer auf 180 °C vorheizen.

2. Zwei kleine Auflaufförmchen (7,5 cm ø) mit Backspray einsprühen. In jede Form 1 Ei aufschlagen, mit Salz und schwarzem Pfeffer würzen.

3. Die Auflaufförmchen in den Korbeinsatz des Airfryers stellen und 5 Minuten garen.

4. Den Airfryer anhalten und die Eier jeweils mit 1 Scheibe Kasseler Schinken und 1 Scheibe Cheddar belegen.

5. Weitere 3 Minuten garen, bis der Käse geschmolzen und das Eigelb fest geworden ist.

6. Die Auflaufförmchen aus dem Airfryer nehmen und auf einem Kuchengitter 2–3 Minuten abkühlen lassen. Dann die Eier mit dem Schinken und dem Käse auf die Toasties stürzen, mit Salz und schwarzem Pfeffer würzen und sofort servieren.

NÄHRWERTE PRO PORTION

Fett gesamt **13 g**	Cholesterin **216 mg**	Kohlenhydrate **26 g**	Zucker **3 g**
ges. Fettsäuren **5 g**	Natrium **618 mg**	Ballaststoffe **3 g**	Protein **22 g**

249 KALORIEN PRO PORTION

ERGIBT **1 Portion**
VORBEREITUNG **5 Minuten**
GARZEIT **5 Minuten**
RUHEZEIT **5 Minuten**
TEMPERATUR **180 °C**

Dieses süße Frühstück versorgt Sie nicht nur mit Energie für den Tag, sondern auch mit reichlich Proteinen. Fast die Hälfte Ihres Tagesbedarfs steckt in einer Portion.

Karamellisierte Banane mit Joghurt

1 Banane, in 2 cm dicke Scheiben geschnitten

140 g griechischer Joghurt (0,2 % Fett)

3 EL Granola mit Mandeln (s. S. 28)

1. Den Airfryer auf 180 °C vorheizen.

2. Den Korbeinsatz des Airfryers mit Backspray einsprühen. Die Bananenscheiben gleichmäßig im Korb verteilen und 5 Minuten garen.

3. Im Airfryer 5 Minuten abkühlen lassen, dann die Bananenscheiben herausnehmen.

4. Den griechischen Joghurt in eine Servierschale geben und die gebackenen Bananenscheiben darauf anrichten. Das Granola darüberstreuen und sofort servieren.

NÄHRWERTE PRO PORTION

Fett gesamt **3 g**	Cholesterin **0 mg**	Kohlenhydrate **40 g**	Zucker **23 g**
ges. Fettsäuren **1 g**	Natrium **96 mg**	Ballaststoffe **4 g**	Protein **18 g**

Sogar French Toast kann Teil eines gesunden Frühstücks sein, wenn Sie den Fettgehalt reduzieren. Besonders lecker: Reichen Sie noch etwas Obst dazu.

221 KALORIEN PRO PORTION

ERGIBT **2 Portionen**
VORBEREITUNG **5 Minuten**
GARZEIT **8 Minuten**
RUHEZEIT **5 Minuten**
TEMPERATUR **180°C**

Vollkorn-French-Toast

2 Scheiben Vollkorntoast

1 Ei (Größe L)

120 ml Milch (1,5 % Fett)

1 Msp. gemahlener Zimt

1 Msp. Vanillemark

3 EL Ahornsirup

1 TL Puderzucker
(zum Anrichten)

1. Den Airfryer auf 180°C vorheizen.

2. Das Backblech des Airfryers mit Backspray einsprühen. Den Vollkorntoast in kleine Stücke oder Streifen schneiden und gleichmäßig auf dem Backblech verteilen. Beiseitestellen.

3. Ei, Milch, Zimt, Vanillemark und 2 TL Ahornsirup in einer Schüssel miteinander verquirlen.

4. Die Eimischung über den Toast gießen und gleichmäßig verteilen, bis alle Brotstücke bedeckt sind. Im Airfryer 8 Minuten backen.

5. French Toasts herausnehmen und mit dem Backblech auf einem Kuchengitter 5 Minuten abkühlen lassen. Mit dem Puderzucker bestäuben, mit dem restlichen Ahornsirup (etwa 2 EL) beträufeln und sofort servieren.

NÄHRWERTE PRO PORTION

| Fett gesamt **4 g** | Cholesterin **97 mg** | Kohlenhydrate **37 g** | Zucker **21 g** |
| ges. Fettsäuren **1 g** | Natrium **239 mg** | Ballaststoffe **2 g** | Protein **9 g** |

163 KALORIEN PRO PORTION

ERGIBT **4 Portionen**
VORBEREITUNG **5 Minuten**
GARZEIT **8 Minuten**
RUHEZEIT **5 Minuten**
TEMPERATUR **180 °C**

Für selbst gemachtes Granola benötigt man nur ein paar Grundzutaten aus dem Vorrat. Eine Handvoll Trockenfrüchte, nach dem Backen hinzugegeben, verleiht zusätzlichen Biss und noch mehr Aroma.

Granola mit Mandeln

60 g Haferflocken

20 g gesüßte Kokosraspel (s. Tipp)

35 g Mandelblättchen

1 TL Rapsöl

2 TL Honig

1 Prise grobes Salz

1. Den Airfryer auf 180 °C vorheizen.

2. Haferflocken, Kokosraspel, Mandelblättchen, Rapsöl, Honig und Salz in einer Schüssel miteinander vermengen.

3. Das Backblech des Airfryers mit Backpapier belegen und die Mischung gleichmäßig darauf verteilen. Zunächst 5 Minuten backen, dann den Airfryer kurz anhalten, das Granola vorsichtig umrühren und weitere 3 Minuten backen.

4. Das Granola mit dem Backblech aus dem Airfryer nehmen und 5 Minuten auf einem Kuchengitter abkühlen lassen. Auf einen Teller geben und vor dem Verzehr vollständig auskühlen lassen.

Tipp:

Das Granola wird erst durch das Auskühlen so richtig knusprig. Luftdicht verpackt ist es bis zu zwei Wochen haltbar. Gesüßte Kokosraspel lassen sich ganz einfach selbst herstellen. Dafür die Kokosraspel in einer Schüssel mit je 1 TL Puderzucker, Rapsöl und Wasser vermengen.

NÄHRWERT PRO PORTION

Fett gesamt **9 g**	Cholesterin **0 mg**	Kohlenhydrate **18 g**	Zucker **7 g**
ges. Fettsäuren **3 g**	Natrium **94 mg**	Ballaststoffe **3 g**	Protein **4 g**

185 KALORIEN
PRO PORTION

ERGIBT **4 Portionen**
VORBEREITUNG **10 Minuten**
GARZEIT **8 Minuten**
RUHEZEIT **10 Minuten**
TEMPERATUR **150 °C**

Himbeeren stecken voller Antioxidanzien und schützen so vor allen möglichen Krankheiten. Zum Vanillearoma dieses Kuchens passen sie perfekt.

Himbeer-Joghurt-Kuchen

65 g Weizenvollkornmehl

1 Prise grobes Salz

1 Msp. Backpulver

115 g Vanillejoghurt (3,8 % Fett)

2 EL Rapsöl

2 EL Ahornsirup

50 g frische Himbeeren

1 TL Puderzucker (zum Anrichten)

1. Den Airfryer auf 150 °C vorheizen.

2. Mehl, Salz und Backpulver in einer großen Schüssel miteinander vermengen. Joghurt, Rapsöl und Ahornsirup hinzugeben und alles gut miteinander verrühren. Zum Schluss die Himbeeren vorsichtig unterheben.

3. Das Backblech des Airfryers mit Backspray einsprühen, den Teig gleichmäßig darauf verteilen und 8 Minuten backen.

4. Den Kuchen aus dem Airfryer nehmen und mit dem Backblech auf einem Kuchengitter 10 Minuten abkühlen lassen. Dann mit dem Puderzucker bestäuben, in vier Stücke schneiden und sofort servieren.

NÄHRWERTE PRO PORTION

Fett gesamt **8 g**	Cholesterin **4 mg**	Kohlenhydrate **25 g**	Zucker **12 g**
ges. Fettsäuren **1 g**	Natrium **82 mg**	Ballaststoffe **3 g**	Protein **3 g**

Dieses leichte Frühstück schmeckt an einem Werktag genauso gut wie zu einem entspannten Wochenbrunch. Es liefert jede Menge Protein bei gerade mal 40 Kalorien!

40 KALORIEN PRO PORTION

ERGIBT **1 Portion**
VORBEREITUNG **5 Minuten**
GARZEIT **10 Minuten**
RUHEZEIT **5 Minuten**
TEMPERATUR **150°C**

Omelett mit Tomaten & Spinat

2 Eiweiß, verquirlt

2 EL gehackte Tomaten

2 EL gehackter Blattspinat

1 Prise grobes Salz

Chiliflocken (nach Belieben)

1. Den Airfryer auf 150°C vorheizen.

2. Ein Auflaufförmchen (7,5 cm ø) mit Backspray einsprühen. Eiweiße, Tomaten, Spinat, Salz und Chiliflocken (nach Belieben) in der Form miteinander vermischen.

3. Das Auflaufförmchen in den Korbeinsatz des Airfryers stellen und das Omelett 10 Minuten garen, bis das Eiweiß gestockt ist.

4. Das Förmchen aus dem Airfryer nehmen. Das Omelett in der Form 5 Minuten auf einem Kuchengitter abkühlen lassen, dann auf einen Teller stürzen und genießen.

NÄHRWERTE PRO PORTION

Fett gesamt **0 g**	Cholesterin **0 mg**	Kohlenhydrate **1 g**	Zucker **1 g**
ges. Fettsäuren **0 g**	Natrium **184 mg**	Ballaststoffe **1 g**	Protein **7 g**

Für diese hübschen kleinen Omeletts ganz ohne Butter oder Öl können Sie nach Lust und Laune Ihr Lieblingsgemüse mit Käse kombinieren.

176 KALORIEN PRO PORTION

Omeletts mit Paprika & Zwiebel

ERGIBT **2 Portionen**
VORBEREITUNG **5 Minuten**
GARZEIT **10 Minuten**
RUHEZEIT **5 Minuten**
TEMPERATUR **200 °C**

4 Eier (Größe L)

½ Paprikaschote, entkernt und fein gehackt

1 EL fein gehackte rote Zwiebel

1 Prise grobes Salz

1 Prise frisch gemahlener schwarzer Pfeffer (+ etwas mehr zum Anrichten)

2 EL geriebener Cheddar

1. Den Airfryer auf 200 °C vorheizen.

2. Die Eier in einer großen Schüssel miteinander verquirlen. Paprika, rote Zwiebel, Salz und schwarzen Pfeffer hinzugeben und verrühren.

3. Zwei Auflaufförmchen (7,5 cm ø) mit Backspray einsprühen. Jeweils die Hälfte der Eiermischung in ein Förmchen füllen, die Förmchen in den Korbeinsatz des Airfryers stellen und die Omeletts 8 Minuten garen.

4. Den Airfryer anhalten und je 1 EL geriebenen Cheddar über die Auflaufförmchen streuen. Weitere 2 Minuten garen.

5. Die Auflaufförmchen aus dem Airfryer nehmen und auf einem Kuchengitter 5 Minuten abkühlen lassen. Dann die Omeletts aus den Förmchen auf Teller stürzen, mit etwas schwarzem Pfeffer würzen und sofort servieren.

NÄHRWERTE PRO PORTION

Fett gesamt **12 g**	Cholesterin **378 mg**	Kohlenhydrate **2 g**	Zucker **1 g**
ges. Fettsäuren **5 g**	Natrium **333 mg**	Ballaststoffe **0 g**	Protein **14 g**

102 KALORIEN
PRO PORTION

ERGIBT **4 Portionen**
VORBEREITUNG **10 Minuten**
GARZEIT **20 Minuten**
RUHEZEIT **5 Minuten**
TEMPERATUR **180 °C**

Deftiges (Kater-)Frühstück gefällig? Diese Bratkartoffeln schmecken von morgens bis Abends und machen Körper und Seele fit.

Bratkartoffeln klassisch

450 g kleine rotschalige Kartoffeln (z. B. Laura oder Rheinische Rote), gewürfelt

2 TL Olivenöl

½ Zwiebel, fein gehackt

1 Prise grobes Salz

1 Prise frisch gemahlener schwarzer Pfeffer

1. Den Airfryer auf 180 °C vorheizen.

2. Die Kartoffeln in einer Schüssel mit dem Olivenöl vermengen. Zwiebel, Salz und schwarzen Pfeffer hinzugeben und nochmals durchmischen, bis alle Kartoffeln gut mit Öl überzogen sind.

3. Den Korbeinsatz des Airfryers mit Backspray einsprühen, die Kartoffeln hineingeben und 20 Minuten backen, bis sie goldbraun sind. Dabei den Airfryer alle 5 Minuten anhalten und die Kartoffeln im Korb schwenken.

4. Die Bratkartoffeln auf einen mit Küchenpapier belegten Teller geben und 5 Minuten abkühlen lassen, dann sofort servieren.

NÄHRWERTE PRO PORTION

Fett gesamt **2 g**	Cholesterin **0 mg**	Kohlenhydrate **19 g**	Zucker **2 g**
ges. Fettsäuren **0 g**	Natrium **161 mg**	Ballaststoffe **2 g**	Protein **2 g**

Dieser pikante Auflauf gibt mit seinem hohen Protein-gehalt Energie für den Tag. Ganz nebenbei eignet er sich perfekt, um altbackenes Brot zu verbrauchen.

248 KALORIEN
PRO PORTION

ERGIBT **2 Portionen**
VORBEREITUNG **10 Minuten**
GARZEIT **10–12 Minuten**
RUHEZEIT **5 Minuten**
TEMPERATUR **180 °C**

Brotauflauf mit Schinken & Ei

160 g altbackener Vollkorntoast

3 Eier (Größe L)

1 Prise grobes Salz

30 g Kochschinken, in mundgerechte Stücke geschnitten

30 g Chili-Gouda, grob gerieben

1 EL Schnittlauchröllchen

1. Den Airfryer auf 180 °C vorheizen und das Backblech des Airfryers mit Backspray einsprühen.

2. Den Vollkorntoast in Würfel schneiden und die Brot-würfel gleichmäßig auf dem Backblech verteilen.

3. Die Eier mit 2 EL Wasser in einer Schüssel verquirlen, dann Salz, Kochschinken, Chili-Gouda und Schnitt-lauchröllchen untermischen.

4. Die Eiermischung über die Brotwürfel gießen und 10–12 Minuten garen, bis das Ei gestockt und die Oberfläche goldbraun ist.

5. Den Brotauflauf aus dem Airfryer nehmen und mit dem Backblech auf einem Kuchengitter 5 Minuten abkühlen lassen, dann in zwei Stücke schneiden und sofort servieren.

NÄHRWERTE PRO PORTION

Fett gesamt **6 g**	Cholesterin **299 mg**	Kohlenhydrate **11 g**	Zucker **2 g**
ges. Fettsäuren **6 g**	Natrium **557 mg**	Ballaststoffe **3 g**	Protein **19 g**

220 KALORIEN
PRO PORTION

ERGIBT **1 Portion**
VORBEREITUNG **5 Minuten**
GARZEIT **5–7 Minuten**
RUHEZEIT **5 Minuten**
TEMPERATUR **180 °C**

Avocado-Toast ist gesund und liegt im Trend. Diese Variante versorgt Sie mit zusätzlichem Protein aus dem Ei und wertvollen Nährstoffen aus der Tomate.

Ei im Korb mit Avocado

1 Scheibe Vollkorntoast

1 Ei (Größe L)

1 Prise grobes Salz

50 g Avocado, gewürfelt

75 g Tomaten, gewürfelt

1 Prise frisch gemahlener schwarzer Pfeffer

1. Den Airfryer auf 180 °C vorheizen.

2. Das Backblech des Airfryers mit Backspray einsprühen. Mit einer runden Ausstechform (7,5 cm ø) oder einem scharfen Messer ein Loch aus der Mitte des Vollkorntoasts ausstechen oder -schneiden. Die Brotscheibe und die ausgestochene Krume auf das Backblech legen.

3. Das Ei aufschlagen, in das Loch im Toastbrot geben, mit Salz bestreuen und 5–7 Minuten garen, bis es die gewünschte Konsistenz hat.

4. Das Backblech aus dem Airfryer nehmen und auf einem Kuchengitter 5 Minuten abkühlen lassen. Dann das geröstete Brot auf einen Teller geben, mit Avocado und Tomate anrichten. Mit schwarzem Pfeffer würzen und sofort servieren.

NÄHRWERTE PRO PORTION

Fett gesamt **12 g**	Cholesterin **186 mg**	Kohlenhydrate **18 g**	Zucker **4 g**
ges. Fettsäuren **2 g**	Natrium **406 mg**	Ballaststoffe **5 g**	Protein **10 g**

218 KALORIEN PRO PORTION

ERGIBT **4 Portionen**
VORBEREITUNG **10 Minuten**
GARZEIT **35 Minuten**
RUHEZEIT **5 Minuten**
TEMPERATUR **165 °C**

Diese selbst gemachten Blätterteigtaschen sind nicht nur gesünder als fertig gekaufte, sie schmecken auch noch viel besser!

Mini-Teigtaschen mit Käse & Ei

1 Ei (Größe L), verquirlt

1 Prise grobes Salz

120 g Blätterteig

1 Scheibe Cheddar, geviertelt

1. Den Airfryer mit dem Backblech auf 165 °C vorheizen.

2. Das Ei in das Backblech gießen, mit grobem Salz bestreuen und 3 Minuten garen. Den Airfryer anhalten, das Ei mit einem Pfannenwender vorsichtig verrühren und weitere 2 Minuten garen. Das Rührei aus dem Airfryer nehmen und zum Abkühlen kurz beiseitestellen. Den Airfryer nicht ausschalten.

3. Den Blätterteig dünn ausrollen und in vier gleich große Stücke teilen.

4. Auf die Hälfte eines Blätterteigstücks ein Stück Cheddar sowie ein Viertel des Rühreis geben, den Teig über den Käse und das Ei schlagen und die Ränder mit einer Gabel zusammendrücken. Mit den restlichen Blätterteigstücken ebenso verfahren.

5. Den Korbeinsatz des Airfryers mit zwei Blätterteigtaschen bestücken und 15 Minuten backen, bis sie goldbraun sind. Die restlichen beiden Teigtaschen ebenso zubereiten.

6. Die Blätterteigtaschen aus dem Airfryer nehmen und vor dem Servieren mindestens 5 Minuten auf einem Kuchengitter abkühlen lassen.

Mehr als 100 Kalorien gespart im Vergleich zu fertig gekauften Blätterteigtaschen.

NÄHRWERTE PRO PORTION

Fett gesamt **15 g**	Cholesterin **54 mg**	Kohlenhydrate **14 g**	Zucker **0 g**
ges. Fettsäuren **5 g**	Natrium **143 mg**	Ballaststoffe **0 g**	Protein **6 g**

Selbst gemachte Maistortillas sind das Geheimnis hinter diesem fantastischen »Bauernfrühstück«. Im Airfryer werden sie köstlich knusprig – ohne viel Fett.

142 KALORIEN PRO PORTION

Huevos Rancheros

ERGIBT **4 Portionen**
VORBEREITUNG **20 Minuten**
GARZEIT **25 Minuten**
TEMPERATUR **200 °C/165 °C**

40 g Maismehl

1 TL Olivenöl

½ TL grobes Salz

4 Eier (Größe L)

120 ml Salsa nach Wahl

60 g Feta, zerbröckelt

1. Den Airfryer auf 200 °C vorheizen.

2. Maismehl, Olivenöl und 1 Prise Salz mit den Händen in einer Schüssel vermengen, dann langsam 60 ml Wasser zugießen und rühren, bis ein glatter Teig entsteht.

3. Den Teig in vier gleich große Stücke teilen. Jedes Stück zuerst zu einer Kugel formen, dann zwischen zwei Lagen Backpapier dünn ausrollen.

4. Das Backblech des Airfryers mit Backspray einsprühen. Eine Tortilla auf das Blech legen und 5 Minuten backen. Die restlichen Tortillas ebenso zubereiten.

5. Die Tortillas aus dem Airfryer nehmen, das Backblech wieder einsetzen. Den Airfryer auf 165 °C stellen.

6. Die Eier in das heiße Backblech aufschlagen, mit 1 Prise Salz bestreuen und 3 Minuten garen. Den Airfryer anhalten, die Eier mit einem Pfannenwender vorsichtig verrühren und weitere 2 Minuten garen. Dann das Rührei aus dem Airfryer nehmen. Die Tortillas auf einem Teller anrichten und mit Rührei, Salsa und Käse garnieren, sofort servieren.

Herkömmlich zubereitete, frittierte Tortillas enthalten über 500 Kalorien!

NÄHRWERTE PRO PORTION

Fett gesamt **8 g**	Cholesterin **194 mg**	Kohlenhydrate **8 g**	Zucker **2 g**
ges. Fettsäuren **3 g**	Natrium **333 mg**	Ballaststoffe **1 g**	Protein **8 g**

Jalapeño-Chilis heizen dieser nährstoffreichen Gemüsepfanne aus Süßkartoffeln und Paprika richtig ein. So wird gesund frühstücken zum Genuss.

Süßkartoffel-Paprika-Pfanne

121 KALORIEN PRO PORTION

ERGIBT **4 Portionen**
VORBEREITUNG **10 Minuten**
GARZEIT **19–20 Minuten**
RUHEZEIT **15 Minuten**
TEMPERATUR **180 °C**

2 große Süßkartoffeln

½ kleine rote Zwiebel, grob gewürfelt

1 grüne Paprikaschote, entkernt und grob gewürfelt

1 Jalapeño-Chili, entkernt und in Ringe geschnitten

1 Prise grobes Salz

1 Msp. frisch gemahlener schwarzer Pfeffer (+ etwas mehr zum Anrichten)

1 TL Olivenöl

1 Ei (Größe L), pochiert

1. Den Airfryer auf 180 °C vorheizen.

2. Die Süßkartoffeln in der Mikrowelle auf der höchsten Stufe 3–4 Minuten garen, bis sie weich, aber noch nicht ganz gar sind. Zum Abkühlen 10 Minuten beiseitestellen.

3. Die Süßkartoffeln pellen und in grobe Stücke schneiden.

4. Süßkartoffeln, rote Zwiebel, Paprika, Jalapeño-Chili, Salz, schwarzen Pfeffer und Olivenöl in einer großen Schüssel sorgfältig vermengen.

5. Den Korbeinsatz des Airfryers mit Backspray einsprühen, die Gemüsemischung hineingeben und 8 Minuten garen.

6. Den Airfryer anhalten, das Gemüse im Korbeinsatz schwenken und weitere 8 Minuten garen, bis es gebräunt ist.

7. Das Gemüse aus dem Airfryer nehmen, auf einen mit Küchenpapier belegten Teller geben und 5 Minuten abkühlen lassen. Das Ei zerteilen und darauf anrichten, mit schwarzem Pfeffer würzen und sofort servieren.

NÄHRWERTE PRO PORTION

Fett gesamt **3 g**	Cholesterin **47 mg**	Kohlenhydrate **22 g**	Zucker **7 g**
ges. Fettsäuren **1 g**	Natrium **174 mg**	Ballaststoffe **4 g**	Protein **4 g**

65 KALORIEN
PRO PORTION

ERGIBT **4 Portionen**
VORBEREITUNG **5 Minuten**
GARZEIT **12–15 Minuten**
RUHEZEIT **5 Minuten**
TEMPERATUR **180 °C**

Warmes Apfelkompott passt perfekt zu Frühstücks-klassikern wie Pfannkuchen, Porridge oder Joghurt. Sie können damit sogar Ihren Smoothie aufpeppen.

Apfelkompott

2 mittelgroße Äpfel, geschält und gewürfelt

1 Msp. gemahlener Zimt

2 TL Honig

Saft von ½ Zitrone

2 EL Rosinen

1. Den Airfryer auf 180 °C vorheizen.

2. Das Backblech des Airfryers mit Backspray einsprühen. Äpfel, Zimt, Honig, Zitronensaft, Rosinen und 200 ml Wasser auf das Backblech geben, gut miteinander vermengen und 12–15 Minuten garen, bis die Äpfel weich sind.

3. Das Kompott aus dem Airfryer nehmen und vor dem Servieren mit dem Backblech auf einem Kuchengitter 5 Minuten abkühlen lassen.

NÄHRWERTE PRO PORTION

| Fett gesamt **0 g** | Cholesterin **0 mg** | Kohlenhydrate **17 g** | Zucker **14 g** |
| ges. Fettsäuren **0 g** | Natrium **3 mg** | Ballaststoffe **1 g** | Protein **0 g** |

In Mexiko wird Quesadilla schon zum Frühstück genossen. Im Airfryer schmilzt der Käse in Rekordzeit und die Tortilla wird wunderbar locker.

Quesadilla mit Schinken & Käse

335 KALORIEN PRO PORTION

ERGIBT **1 Portion**
VORBEREITUNG **5 Minuten**
GARZEIT **10 Minuten**
RUHEZEIT **2–3 Minuten**
TEMPERATUR **180 °C**

1 Ei (Größe L)

1 Prise grobes Salz

1 Vollkornweizentortilla (20 cm ø)

30 g Cheddar, gerieben

1 Scheibe Kochschinken, klein geschnitten

1. Den Airfryer mit dem Backblech auf 180 °C vorheizen.

2. Das Ei in das Backblech aufschlagen, mit Salz bestreuen und 3 Minuten garen. Den Airfryer anhalten, das Ei mit einem Pfannenwender vorsichtig verrühren und weitere 2 Minuten garen.

3. Das Ei aus dem Airfryer nehmen und zum Abkühlen beiseitestellen. Den Airfryer eingeschaltet lassen.

4. Den Korbeinsatz des Airfryers mit Backspray einsprühen. Die Tortilla mit dem Rührei, geriebenem Käse und Kochschinken belegen, in der Mitte zusammenklappen, in den Korbeinsatz legen und im Airfryer 5 Minuten garen.

5. Die Quesadilla aus dem Airfryer nehmen und vor dem Servieren 2–3 Minuten auf einem Kuchengitter abkühlen lassen.

Eine Quesadilla aus dem Imbiss kann mehr als 500 Kalorien enthalten!

NÄHRWERTE PRO PORTION

Fett gesamt **19 g**	Cholesterin **227 mg**	Kohlenhydrate **25 g**	Zucker **1 g**
ges. Fettsäuren **9 g**	Natrium **480 mg**	Ballaststoffe **2 g**	Protein **19 g**

HAUPTSPEISEN

Im Airfryer können Sie so gut wie alle Hauptspeisen zubereiten. Mit den Beilagen aus dem nächsten Kapitel ergeben sich clever kombinierte Gerichte.

194 KALORIEN PRO PORTION

ERGIBT **3 Portionen**
VORBEREITUNG **15 Minuten**
GARZEIT **10 Minuten**
TEMPERATUR **180 °C**

Diese Pizzataschen sind gefüllt mit nährstoffreichem Grünkohl, herzhaften Champignons und Käse. So kalorienarm können Sie Pizza ohne Reue genießen.

Pizzataschen »Veggie«

170 g Pizzateig (s. S. 52)

50 g Grünkohl, fein gehackt

50 g kleine weiße Champignons, fein gehackt

60 g Mozzarella (8,5 % Fett), gerieben

Olivenöl

1. Den Airfryer auf 180 °C vorheizen.

2. Den Pizzateig in sechs gleich große Portionen teilen und zu Kugeln formen, dann jede Kugel kreisförmig dünn ausrollen. Grünkohl, Champignons und Mozzarella gleichmäßig auf den Teigfladen verteilen.

3. Die Teigränder vorsichtig über der Füllung zusammenfalten, sodass eine Teigtasche entsteht, und die Ränder mit einer Gabel sorgfältig zusammendrücken. Die Pizzataschen mit etwas Olivenöl bepinseln und mit einem scharfen Messer vorsichtig ein kleines Loch in die Oberseite stechen, damit der Dampf entweichen kann.

4. Den Korbeinsatz des Airfryers mit Backspray einsprühen, zwei bis drei Pizzataschen hineingeben und 5 Minuten backen, bis sie goldbraun sind. Die Pizzataschen aus dem Airfryer nehmen und vor dem Servieren auf einem Kuchengitter 5–10 Minuten abkühlen lassen

5. Die restlichen Pizzataschen ebenso zubereiten.

NÄHRWERTE PRO PORTION

Fett gesamt **6 g**	Cholesterin **10 mg**	Kohlenhydrate **26 g**	Zucker **2 g**
ges. Fettsäuren **2 g**	Natrium **268 mg**	Ballaststoffe **2 g**	Protein **8 g**

Ein italienischer Klassiker, modern zubereitet: Er punktet mit knusprigem Topping statt frittierter Auberginen und spart durch fettarmen Käse viele Kalorien.

246 KALORIEN PRO PORTION

Auberginen-Parmigiana

ERGIBT	**2 Portionen**
VORBEREITUNG	**15 Minuten**
GARZEIT	**12 Minuten**
RUHEZEIT	**10 Minuten**
TEMPERATUR	**165 °C**

1 kleine Aubergine, geschält und in dünne Scheiben geschnitten

150 ml Marinarasauce (s. S. 98)

60 g Mozzarella (8,5 % Fett), gerieben

115 g fettarmer Ricotta (7,5 % Fett)

2 EL Panko-Mehl

1. Den Airfryer auf 165 °C vorheizen.

2. Das Backblech des Airfryers mit Backspray einsprühen. Aubergine, Marinarasauce, Mozzarella und Ricotta abwechselnd in das Backblech schichten. Mit einer Schicht aus Käse enden und das Panko-Mehl darüberstreuen. Alles 12 Minuten garen, bis der Käse schmilzt und Blasen wirft.

3. Die Auberginen-Parmigiana aus dem Airfryer nehmen und vor dem Servieren auf einem Kuchengitter 10 Minuten abkühlen lassen.

Auberginen-Parmigiana aus dem Restaurant schlägt oft mit 1000 Kalorien zu Buche!

NÄHRWERTE PRO PORTION

Fett gesamt **9 g**	Cholesterin **30 mg**	Kohlenhydrate **28 g**	Zucker **16 g**
ges. Fettsäuren **4 g**	Natrium **467 mg**	Ballaststoffe **10 g**	Protein **17 g**

Diese gefüllten Paprikaschoten sind nicht nur ein echter Hingucker, sondern auch besonders aromatisch. Quinoa und Bohnen liefern eine Extraportion Proteine.

266 KALORIEN PRO PORTION

ERGIBT **2 Portionen**
VORBEREITUNG **10 Minuten**
GARZEIT **8–10 Minuten**
RUHEZEIT **10 Minuten**
TEMPERATUR **180 °C**

Gefüllte Paprika mit Quinoa

2 mittelgroße rote Paprikaschoten

45 g kleine weiße Champignons, kleingeschnitten

180 g Quinoa, gegart

85 g Cannellini-Bohnen, gewaschen und abgetropft

1 TL Tomatenmark

60 ml natriumarme Hühnerbrühe

1 TL gehackte Thymianblätter

125 ml Salsa

60 g Mozzarella (8,5 % Fett), in Stücke gezupft

1. Den Airfryer auf 180 °C vorheizen.

2. In der Zwischenzeit die Paprikaschoten halbieren und entkernen. Beiseitestellen.

3. Champignons, Quinoa, Cannellini-Bohnen, Tomatenmark, Hühnerbrühe und Thymian in einer großen Schüssel vorsichtig miteinander vermengen.

4. Die 4 Paprikahälften mit der Quinoamischung füllen, die Salsa darüberträufeln und mit dem Mozzarella belegen.

5. Den Korbeinsatz des Airfryers mit Backspray einsprühen, die Paprikahälften hineingeben und 8–10 Minuten garen, bis die Paprikaschoten weich werden und der Käse zu schmelzen beginnt.

6. Die gefüllten Paprika herausnehmen und vor dem Servieren 10 Minuten auf einem Kuchengitter abkühlen lassen.

NÄHRWERT PRO PORTION

Fett gesamt **5 g**	Cholesterin **8 mg**	Kohlenhydrate **41 g**	Zucker **9 g**
ges. Fettsäuren **2 g**	Natrium **319 mg**	Ballaststoffe **9 g**	Protein **15 g**

135 KALORIEN
PRO PORTION

ERGIBT **4 Portionen**
VORBEREITUNG **15 Minuten**
GARZEIT **15–18 Minuten**
RUHEZEIT **5 Minuten**
TEMPERATUR **180 °C**

Lassen Sie sich die tropischen Aromen dieser knusprigen Garnelen auf der Zunge zergehen: Kokosnuss, ein Hauch feuriger Schärfe und fruchtige Mangosalsa.

Kokosgarnelen mit Mangosalsa

165 g Panko-Mehl

30 g gesüßte Kokosraspel (s. Tipp S. 28)

1 EL Olivenöl

1 Eiweiß (Größe L)

1 Prise grobes Salz

30 g Maisspeisestärke

12 große Garnelen, gegart, geschält, Darm entfernt

Für die Salsa

180 g Mango, gewürfelt

Saft von 1 Limette

1 TL Sriracha-Chilisauce

1. Den Airfryer auf 180 °C vorheizen.

2. Panko-Mehl, gesüßte Kokosraspel und Olivenöl in einer kleinen Schüssel miteinander verrühren. Beiseitestellen.

3. In einer zweiten kleinen Schüssel das Eiweiß mit etwas Salz kräftig verquirlen. Ebenfalls beiseitestellen.

4. Die Maisstärke in einen Gefrierbeutel füllen, die Garnelen hinzugeben und gut durchschütteln, um die Garnelen zu mehlieren. Überschüssige Stärke vorsichtig abschütteln. Die mehlierten Garnelen zunächst in der Eimischung und anschließend in der Kokosrapelmischung wenden.

5. Den Korbeinsatz des Airfryers mit Backspray einsprühen, 6 Garnelen hineingeben und 5–6 Minuten garen. Die Garnelen aus dem Airfryer nehmen, auf einen mit Küchenpapier belegten Teller geben und 5 Minuten abkühlen lassen. Die restlichen Garnelen ebenso zubereiten.

6. In der Zwischenzeit für die Salsa Mango, Limettensaft und Sriracha-Chilisauce in den Mixer geben und pürieren. Nach und nach 60 ml Wasser hinzugeben und glatt pürieren. Die Salsa zu den Garnelen reichen.

Diese Garnelen haben ungefähr 25 % weniger Kalorien als in Fett frittierte.

NÄHRWERTE PRO PORTION

Fett gesamt **4 g**	Cholesterin **71 mg**	Kohlenhydrate **14 g**	Zucker **6 g**
ges. Fettsäuren **1 g**	Natrium **307 mg**	Ballaststoffe **1 g**	Protein **10 g**

Krabbenküchlein sind eine Delikatesse. Sie können sie ganz einfach im Airfryer zubereiten – mit weniger Fett und weniger Kalorien als im Restaurant.

85 KALORIEN PRO PORTION

ERGIBT **4 Portionen**
VORBEREITUNG **10 Minuten**
GARZEIT **10–16 Minuten**
RUHEZEIT **5 Minuten**
TEMPERATUR **180 °C**

Krabbenküchlein mit Basilikum

225 g Krabbenfleisch, grob stückig

1 Scheibe Mehrkorntoast, in Stücke gezupft

2 EL Milch (1,5 % Fett)

1 Ei (Größe L), verquirlt

2 EL geriebene Zwiebel

1 TL Dijonsenf

1 TL abgeriebene Schale von 1 Bio-Zitrone

2 EL gehackter Basilikum

1 Prise grobes Salz

1 Prise frisch gemahlener schwarzer Pfeffer

Zitronenspalten (zum Garnieren)

1. Den Airfryer auf 180 °C vorheizen.

2. Das Krabbenfleisch in eine kleine Schüssel geben und eventuell vorhandene Schalenstückchen aussortieren.

3. Toast, Milch, Ei, Zwiebel, Dijonsenf, Zitronenschale, Basilikum, Salz, Pfeffer und Krabbenfleisch in einer Schüssel mit einer Gabel vermengen. Aus der Masse vier gleich große Küchlein formen und jedes mit Backspray einsprühen.

4. Den Korbeinsatz des Airfryers mit Backspray einsprühen, zwei Krabbenküchlein hineingeben und 5–8 Minuten backen, bis sie goldbraun sind. Dann die Krabbenküchlein aus dem Airfryer nehmen und zum Abkühlen auf ein Kuchengitter legen. Die restlichen Küchlein ebenso zubereiten.

5. Die Krabbenküchlein lauwarm servieren und die Zitronenspalten dazu reichen.

Tipp:
Dazu passt ein gemischter Salat.

NÄHRWERTE PRO PORTION

| Fett gesamt **3 g** | Cholesterin **97 mg** | Kohlenhydrate **5 g** | Zucker **1 g** |
| ges. Fettsäuren **0 g** | Natrium **256 mg** | Ballaststoffe **1 g** | Protein **11 g** |

244 KALORIEN PRO PORTION

ERGIBT **1 Portion**
VORBEREITUNG **20 Minuten**
GARZEIT **9–10 Minuten**
RUHEZEIT **75 Minuten**
TEMPERATUR **200 °C**

Für den Teig

1 TL Trockenhefe

½ TL Honig

200 g Mehl

1 Prise grobes Salz

1 TL Olivenöl

Für die Sauce

1 EL Olivenöl

1 Knoblauchzehe, zerdrückt

1 Prise grobes Salz

2 Dosen stückige Tomaten
   (à 400 g)

Für die Pizza

1 Scheibe Provolone,
   in Stücke gezupft

1 EL geriebener Mozzarella
   (8,5 % Fett)

Vergessen Sie den Pizzaboten! Im Airfryer können Sie Pfannenpizza mit ein paar einfachen, frischen Zutaten ganz nach Ihrem Gusto selbst zubereiten.

Pfannenpizza

1. Die Trockenhefe und den Honig mit 120 ml lauwarmem Wasser in einer kleinen Schüssel verrühren. Beiseitestellen und 10 Minuten gehen lassen, bis es schäumt.

2. Mehl, Salz und Olivenöl in einer Schüssel miteinander vermischen, dann nach und nach die gelöste Hefe unterrühren. Mit den Händen vermengen, bis der Teig sich vom Rand löst. Wenn nötig, esslöffelweise zimmerwarmes Wasser hinzufügen. Den Teig 2–3 Minuten gründlich kneten, bis er glatt und elastisch ist. Dann die Schüssel mit einem Küchentuch abdecken und den Teig 1 Stunde gehen lassen.

3. Für die Sauce das Öl in einer Pfanne erhitzen. Knoblauch hinzugeben und bei mittlerer Hitze 1 Minute anbraten, dann Salz und Tomaten zufügen und 20 Minuten köcheln lassen.

4. Den Airfryer auf 200 °C vorheizen. Das Backblech des Airfryers mit Backspray einsprühen. Den Teig in sechs gleich große Portionen teilen und zu Kugeln formen. Eine Kugel mit der Hand gleichmäßig auf dem Backblech verteilen.

5. Auf dem Teig 1 EL Pizzasauce verteilen, Provolone und Mozzarella darüberstreuen.

6. Die Pizza 9–10 Minuten backen, bis der Rand goldbraun ist und der Käse zu schmelzen beginnt.

7. Die Pizza aus dem Airfryer nehmen und mit dem Backblech auf einem Kuchengitter 5 Minuten abkühlen lassen, in Stücke schneiden und sofort servieren. Nach Belieben weitere Pizzen backen oder Teig und Sauce bis zum nächsten Pizzaabend einfrieren.

NÄHRWERTE PRO PORTION

Fett gesamt **10 g**	Cholesterin **23 mg**	Kohlenhydrate **27 g**	Zucker **2 g**
ges. Fettsäuren **6 g**	Natrium **445 mg**	Ballaststoffe **1 g**	Protein **12 g**

260 KALORIEN
PRO PORTION

ERGIBT **4 Portionen**
VORBEREITUNG **10 Minuten**
GARZEIT **24 Minuten**
RUHEZEIT **5 Minuten**
TEMPERATUR **180 °C**

Genießen Sie diesen italienischen Seelentröster ohne Fettspritzer in der Küche! Mit diesem Rezept zaubern Sie einfach unglaubliche Hackbällchen.

Hackbällchen mit Marinarasauce

450 g mageres Rinderhackfleisch

2 EL Weißbrotbrösel

1 Ei (Größe L), verquirlt

1 Prise grobes Salz

1 Prise frisch gemahlener schwarzer Pfeffer

150 ml Marinarasauce (s. S. 98)

1. Den Airfryer auf 180 °C vorheizen.

2. Hackfleisch, Weißbrotbrösel, Ei, Salz und Pfeffer in einer Schüssel miteinander vermengen. Aus der Mischung 16 gleich große Hackbällchen formen.

3. Den Korbeinsatz des Airfryers mit Backspray einsprühen. Fünf bis sechs Hackbällchen hineingeben und 8 Minuten garen, bis die Bällchen schön knusprig sind und eine Kerntemperatur von 80 °C haben. Die Hackbällchen aus dem Airfryer nehmen und auf einen mit Küchenpapier belegten Teller geben.

4. Die restlichen Hackbällchen ebenso zubereiten. Etwa 5 Minuten abkühlen lassen, dann servieren und die Marinarasauce als Dip dazu reichen.

NÄHRWERTE PRO PORTION

Fett gesamt **14 g**	Cholesterin **120 mg**	Kohlenhydrate **7 g**	Zucker **3 g**
ges. Fettsäuren **5 g**	Natrium **284 mg**	Ballaststoffe **1 g**	Protein **25 g**

Braten Sie die Burgerpatties für diese Miniburger vorab, wärmen Sie sie im Airfryer auf und servieren Sie sie mit all Ihren Lieblingsbeilagen.

Wochenend- burger

209 KALORIEN
PRO PORTION

ERGIBT **6 Portionen**
VORBEREITUNG **10 Minuten**
GARZEIT **24 Minuten**
RUHEZEIT **5–10 Minuten**
TEMPERATUR **180 °C**

450 g mageres Rinderhackfleisch

½ TL grobes Salz

1 Prise frisch gemahlener schwarzer Pfeffer

6 Weizenvollkornbrötchen, aufgeschnitten

1. Den Airfryer auf 180 °C vorheizen.

2. Das Rinderhackfleisch zu sechs gleich großen Burger-patties formen und mit grobem Salz und schwarzem Pfeffer würzen.

3. Den Korbeinsatz des Airfryers mit Backspray ein-sprühen, zwei Patties hineingeben und etwa 8 Minuten garen – so lange, bis sie wie gewünscht durchgegart sind. Die restlichen Burgerpatties ebenso zubereiten.

4. Die Burgerpatties aus dem Airfryer nehmen und auf einem mit Küchenpapier belegten Teller 5–10 Minuten abkühlen lassen. Die Patties auf den Brötchenhälften anrichten, nach Belieben garnieren und sofort servieren.

Tipp:
Als Beilagen eignen sich beispielsweise knackige Salatblät-ter, Tomatenscheiben, saure Gurken, Guacamole, Ketchup oder andere Saucen.

Weitere 75 Kalorien sparen Sie, wenn Sie brottose Burger servieren.

NÄHRWERTE PRO PORTION

Fett gesamt **9 g**	Cholesterin **49 mg**	Kohlenhydrate **13 g**	Zucker **0 g**
ges. Fettsäuren **3 g**	Natrium **290 mg**	Ballaststoffe **1 g**	Protein **18 g**

Ist Ihnen nach Seelenfutter, das lecker und trotzdem nicht zu schwer und fettig ist? Dann ist dieses Rezept genau das Richtige für Sie!

Leichte Hähnchen-keulen auf Waffeln

487 KALORIEN PRO PORTION

ERGIBT **4 Portionen**
VORBEREITUNG **15 Minuten**
GARZEIT **40 Minuten**
RUHEZEIT **75 Minuten**
TEMPERATUR **180 °C**

Für die Hähnchenkeulen

4 Hähnchenoberschenkel
(ohne Knochen, mit Haut)

240 g Buttermilch

65 g Mehl

1 TL grobes Salz

½ TL frisch gemahlener
schwarzer Pfeffer

½ TL Senfmehl

½ TL Knoblauchpulver

85 g Honig
(zum Anrichten)

Für die Waffeln

65 g Vollkornmehl

65 g Mehl

1 TL Backpulver

½ TL grobes Salz

1 EL Zucker

2 EL Rapsöl

120 g Buttermilch

1 Ei (Größe L), verquirlt

1. Hähnchen und Buttermilch in einen dicht verschließbaren Gefrierbeutel geben und das Fleisch im Kühlschrank mindestens 1 Stunde marinieren lassen (maximal 24 Stunden).

2. Den Airfryer auf 180 °C vorheizen.

3. Mehl, Salz, Pfeffer, Senfmehl und Knoblauch in einer flachen Schale miteinander vermengen. Das Fleisch aus der Butter-milch nehmen (Buttermilch aufheben) und mit einem Küchen-papier trocken tupfen. Das Hähnchen erst in der Mehlmischung wenden, dann in der Buttermilch und nochmals in der Mehl-mischung. Überschüssiges Mehl vorsichtig abschütteln.

4. Den Korbeinsatz des Airfryers mit Backspray einsprühen und 2 Hähnchenschenkel hineingeben. Mit etwas Backspray ein-sprühen und 20 Minuten garen. Die Hähnchenschenkel aus dem Airfryer nehmen und auf einem Kuchengitter 15 Minuten abkühlen lassen. Das restliche Fleisch ebenso zubereiten.

5. In der Zwischenzeit für die Waffeln beide Mehlsorten, Backpul-ver, Salz, Zucker, Rapsöl, Buttermilch und das Ei in einer großen Schüssel miteinander vermischen. In einem Waffeleisen nach-einander zwei Waffeln backen, bis sie goldbraun sind.

6. Eine Waffel in vier gleich große Stücke schneiden. Je 1 Hähn-chenschenkel auf einem Stück Waffel anrichten, mit 1 TL Honig beträufeln und sofort servieren. Die übrige Waffel einfrieren und bei der nächsten Verwendung kurz im Airfryer aufbacken.

NÄHRWERTE PRO PORTION

Fett gesamt **26 g**	Cholesterin **160 mg**	Kohlenhydrate **38 g**	Zucker **21 g**
ges. Fettsäuren **6 g**	Natrium **528 mg**	Ballaststoffe **1 g**	Protein **26 g**

276 KALORIEN PRO PORTION

ERGIBT **2 Portionen**
VORBEREITUNG **5 Minuten**
GARZEIT **5–7 Minuten**
RUHEZEIT **20 Minuten**
TEMPERATUR **180 °C**

Im Airfryer können Sie sogar Steak zubereiten. Die Sauce verleiht dem Gericht Aroma und Nährstoffe. Dazu passen gedämpftes Gemüse und Naturreis.

Rindersaté mit Erdnusssauce

4 Bambusgrillspieße, halbiert

230 g London Broil, in 8 Scheiben geschnitten (s. Tipp)

2 TL Currypulver

½ TL grobes Salz

Für die Sauce

2 EL cremige Erdnussbutter

1 EL natriumarme Sojasauce

2 TL Reisessig

1 TL Honig

1 TL geriebener Ingwer

1. Die Bambusgrillspieße 20 Minuten in zimmerwarmem Wasser einweichen, damit sie im Airfryer nicht anbrennen. Beiseitestellen.

2. Den Airfryer auf 180 °C vorheizen.

3. Das Fleisch mit Currypulver und Salz würzen und Ziehharmonika-artig auf die Grillspieße stecken.

4. Den Korbeinsatz des Airfryers mit Backspray einsprühen. Die Spieße in den Korb geben und 5–7 Minuten garen, bis das Fleisch den gewünschten Garzustand erreicht hat.

5. In der Zwischenzeit für die Sauce Erdnussbutter, Sojasauce, Reisessig, Honig und Ingwer in einer Schüssel miteinander verrühren.

6. Die Satéspieße aus dem Airfryer nehmen und vor dem Servieren kurz auf einem Kuchengitter abkühlen lassen. Die Sauce zum Dippen extra dazu reichen.

Tipp:
London Broil ist eine typische amerikanische Zubereitungsart von Flank Steak oder ähnlichem Rindfleisch. Alternativ können Sie Roastbeef verwenden.

NÄHRWERTE PRO PORTION

Fett gesamt **14 g**	Cholesterin **70 mg**	Kohlenhydrate **8 g**	Zucker **6 g**
ges. Fettsäuren **4 g**	Natrium **826 mg**	Ballaststoffe **2 g**	Protein **28 g**

Sie müssen kein Super-Bowl-Fan sein, um Chicken Wings zu lieben – ganz besonders in dieser fett- und kalorienarmen Variante.

147 KALORIEN PRO PORTION

ERGIBT **4 Portionen**
VORBEREITUNG **5 Minuten**
GARZEIT **30 Minuten**
TEMPERATUR **180 °C**

Chicken Wings klassisch

16 Hähnchenflügel
3 EL Chilisauce

1. Den Airfryer auf 180 °C vorheizen.
2. Den Korbeinsatz des Airfryers mit Backspray einsprühen, 8 Hähnchenflügel hineingeben und 15 Minuten garen, dabei nach der Hälfte der Garzeit wenden. Die restlichen Hähnchenflügel ebenso zubereiten.
3. Die Chicken Wings aus dem Airfryer nehmen, in eine große Schüssel geben, mit Chilisauce beträufeln und gut vermischen.
4. Die Chicken Wings auf einem Teller anrichten und warm servieren.

Verzichten Sie auf weitere Dips und Saucen. Schon kleine Mengen enthalten viel Fett!

NÄHRWERTE PRO PORTION

Fett gesamt **4 g**	Cholesterin **66 mg**	Kohlenhydrate **0 g**	Zucker **0 g**
ges. Fettsäuren **1 g**	Natrium **350 mg**	Ballaststoffe **0 g**	Protein **26 g**

316 KALORIEN PRO PORTION

ERGIBT **2 Portionen**

VORBEREITUNG **10 Minuten**

GARZEIT **15 Minuten**

RUHEZEIT **5–10 Minuten**

TEMPERATUR **200 °C**

Fiesta! Im Airfryer können Sie alle Zutaten für leckere Fajitas auf einmal zubereiten. So ist in gut 30 Minuten eine gesunde Mahlzeit fertig.

Steak-Fajitas & Maistortillas

230 g Flanksteak, in Streifen geschnitten

1 Msp. gemahlener Kreuzkümmel

1 Prise grobes Salz

1 Msp. Chilipulver

1 rote Zwiebel, in Streifen geschnitten

1 grüne Paprikaschote, in Streifen geschnitten

4 Maistortillas (10 cm ø)

75 g Tomaten, gehackt

2 EL gehacktes Koriandergrün

1 Spritzer Limettensaft

1. Den Airfryer auf 200 °C vorheizen.

2. Steakstreifen, Kreuzkümmel, Salz und Chilipulver in einer großen Schüssel gut miteinander vermischen.

3. Den Korbeinsatz des Airfryers mit Backspray einsprühen. Zwiebel und Paprika in den Korb geben, das Fleisch darauf legen und alles 15 Minuten garen.

4. Die Fajitamischung aus dem Airfryer nehmen und auf einem Teller 5–10 Minuten abkühlen lassen.

5. Die Fajitamischung auf den Tortillas anrichten, mit gehackten Tomaten und Koriandergrün garnieren, einen Spritzer Limettensaft darübergeben und sofort servieren.

Wenn Sie die Maistortillas weglassen, sparen Sie weitere 50 Kalorien.

NÄHRWERTE PRO PORTION

Fett gesamt **8 g**	Cholesterin **70 mg**	Kohlenhydrate **33 g**	Zucker **4 g**
ges. Fettsäuren **3 g**	Natrium **357 mg**	Ballaststoffe **5 g**	Protein **29 g**

355 KALORIEN PRO PORTION

ERGIBT **4 Portionen**
VORBEREITUNG **15 Minuten**
GARZEIT **30 Minuten**
RUHEZEIT **5 Minuten**
TEMPERATUR **180 °C**

Diese knusprigen Hähnchennuggets eignen sich perfekt als Topping für Salate und als Partyhäppchen. Sie sind das Lieblingsgericht vieler Kinder.

Hähnchennuggets

30 g Mehl

330 g Panko-Mehl

1 Ei (Größe L), verquirlt

grobes Salz

frisch gemahlener schwarzer Pfeffer

2 EL Rapsöl

3 Hähnchenbrustfilets (ohne Haut und Knochen), in je 4 Streifen geschnitten

1. Den Airfryer auf 180 °C vorheizen.

2. Mehl, Panko-Mehl und Ei in drei flache Schalen geben und jeweils mit 1 Prise Salz und schwarzem Pfeffer würzen. Das Rapsöl unter das Panko-Mehl rühren.

3. Die Hähnchenstreifen erst im Mehl, dann im Ei und zuletzt im Paniermehl wenden. Überschüssige Brösel vorsichtig abschütteln.

4. Den Korbeinsatz des Airfryers mit Backspray einsprühen, 4 Hähnchenstreifen hineingeben und 10 Minuten backen, bis sie goldbraun sind. Die Hähnchennuggets aus dem Airfryer nehmen und auf einem Kuchengitter 5 Minuten abkühlen lassen. Die restlichen Hähnchenstreifen ebenso zubereiten.

5. Die Hähnchennuggets vor dem Servieren mit etwas grobem Salz bestreuen.

Hähnchennuggets aus dem Fast-Food-Lokal haben mehr als 600 Kalorien pro Portion!

NÄHRWERTE PRO PORTION

Fett gesamt **11 g**	Cholesterin **176 mg**	Kohlenhydrate **17 g**	Zucker **1 g**
ges. Fettsäuren **2 g**	Natrium **285 mg**	Ballaststoffe **1 g**	Protein **43 g**

Zugegeben, das Hähnchen zweifach zu mehlieren ist etwas aufwendiger, doch es ist die Mühe wert. Denn so wird das Hähnchen besonders knusprig und saftig.

Brathähnchen klassisch

312 KALORIEN PRO PORTION

ERGIBT **4 Portionen**
VORBEREITUNG **15 Minuten**
GARZEIT **40 Minuten**
RUHEZEIT **70 Minuten**
TEMPERATUR **180°C**

8 Hähnchenkeulen
  (680 g; mit Knochen)

240 g Buttermilch

65 g Mehl

1 TL grobes Salz

½ TL frisch gemahlener
  schwarzer Pfeffer

½ TL Senfmehl

½ TL Knoblauchpulver

1. Die Hähnchenkeulen in einer großen Schüssel mit der Buttermilch übergießen, die Schüssel mit Frischhaltefolie abdecken und mindestens 1 Stunde marinieren lassen (maximal 24 Stunden).

2. Den Airfryer auf 180°C vorheizen.

3. Mehl, Salz, Pfeffer, Senfmehl und Knoblauchpulver in einer flachen Schale miteinander vermengen.

4. Die Hähnchenkeulen aus der Buttermilch nehmen (Buttermilch aufheben) und mit einem Küchenpapier trocken tupfen. Dann die Keulen zuerst in der Mehlmischung wenden, dann in der Buttermilch und nochmals in der Mehlmischung. Überschüssiges Mehl vorsichtig abschütteln.

5. Den Korbeinsatz des Airfryers mit Backspray einsprühen, 4 Hähnchenkeulen hineingeben, ebenfalls mit etwas Backspray einsprühen und 20 Minuten garen.

6. Die Hähnchenkeulen aus dem Airfryer nehmen und vor dem Servieren 10 Minuten auf einem Kuchengitter abkühlen lassen. Die restlichen Hähnchenkeulen ebenso zubereiten.

NÄHRWERTE PRO PORTION

Fett gesamt **20 g**	Cholesterin **163 mg**	Kohlenhydrate **4 g**	Zucker **1 g**
ges. Fettsäuren **6 g**	Natrium **334 mg**	Ballaststoffe **0 g**	Protein **30 g**

Dieses würzig-scharfe Lachsfilet enthält unglaublich viel Omega-3-Fettsäuren und ist daher für Ihre Gesundheit besonders wertvoll.

Lachsfilet süßsauer

295 KALORIEN PRO PORTION

ERGIBT **2 Portionen**
VORBEREITUNG **10 Minuten**
GARZEIT **21 Minuten**
TEMPERATUR **180 °C**

60 ml Orangensaft (vorzugsweise frisch gepresst)

1 EL natriumarme Sojasauce

1 EL Ketchup

1 TL Reisessig

1 TL Honig

1 TL Maisspeisestärke

2 Lachsfilets (à 140 g; mit Haut)

1 Prise grobes Salz

1 Prise frisch gemahlener schwarzer Pfeffer

1. Den Airfryer auf 180 °C vorheizen.

2. Orangensaft, Sojasauce, Ketchup, Reisessig, Honig und Maisstärke in einer mikrowellenfesten Schüssel miteinander verrühren. In der Mikrowelle 1 Minute auf der höchsten Stufe erhitzen und nochmals gut durchrühren. (Die Sauce dickt ein.) Die Hälfte der Sauce in eine kleine Schüssel umfüllen und beiseitestellen.

3. Den Lachs mit Salz und Pfeffer würzen.

4. Den Korbeinsatz des Airfryers mit Backspray einsprühen. Ein Lachsfilet mit der Hautseite nach unten in den Korb legen und 5 Minuten garen.

5. Den Airfryer anhalten und den Lachs mit der Hälfte der Sauce bestreichen, dabei den Fisch nicht wenden. Weitere 5 Minuten im Airfryer garen. Den Lachs aus dem Airfryer nehmen und das zweite Lachsfilet ebenso zubereiten.

6. Die Lachsfilets auf einer Servierplatte anrichten und noch warm mit dem Rest der Sauce servieren.

Tipp:
Dazu passt ein gemischter Salat oder Reis.

NÄHRWERTE PRO PORTION

Fett gesamt **15 g**	Cholesterin **71 mg**	Kohlenhydrate **10 g**	Zucker **8 g**
ges. Fettsäuren **4 g**	Natrium **377 mg**	Ballaststoffe **0 g**	Protein **28 g**

150 KALORIEN
PRO PORTION

ERGIBT **1 Portion**
VORBEREITUNG **5 Minuten**
GARZEIT **7–9 Minuten**
RUHEZEIT **5 Minuten**
TEMPERATUR **180 °C**

Fisch zuzubereiten ist mit dem Airfryer ganz einfach. Kabeljau zeichnet sich durch sein festes Fleisch, den milden Geschmack und eine kurze Garzeit aus.

Kabeljau in Sesamkruste

1 EL natriumarme Sojasauce

2 TL Honig

170 g Kabeljaufilet

1 TL Sesamsamen

1. Den Airfryer auf 180 °C vorheizen.

2. Die Sojasauce und den Honig in einer kleinen Schüssel miteinander verrühren.

3. Den Korbeinsatz des Airfryers mit Backspray einsprühen. Den Kabeljau hineinlegen, mit der Sojasaucenmischung bepinseln und mit den Sesamsamen bestreuen. Den Fisch 7–9 Minuten garen, bis er glasig und durchgegart ist.

4. Den Fisch aus dem Airfryer nehmen und vor dem Servieren 5 Minuten auf einem Kuchengitter abkühlen lassen.

Tipp:
Dazu passt knackfrisch blanchiertes Gemüse wie Brokkoli, Bohnen und Pak Choi.

NÄHRWERTE PRO PORTION

Fett gesamt **1 g**	Cholesterin **80 mg**	Kohlenhydrate **7 g**	Zucker **6 g**
ges. Fettsäuren **0 g**	Natrium **466 mg**	Ballaststoffe **1 g**	Protein **26 g**

Dieses Garnelenrezept lässt sich mit dem Airfryer ganz einfach zubereiten. Innerhalb von Minuten wird es in Ihrer Küche nach Zitrone und Knoblauch duften.

Zitronige Garnelenpfanne

333 KALORIEN PRO PORTION

ERGIBT **2 Portionen**
VORBEREITUNG **5 Minuten**
GARZEIT **7–8 Minuten**
TEMPERATUR **180 °C**

30 große, rohe Garnelen, geschält, Darm und Schwänze entfernt

2 TL Olivenöl

1 Knoblauchzehe, in dünne Scheiben geschnitten

Saft und abgeriebene Schale von ½ Bio-Zitrone

1 Prise grobes Salz

1 Prise Chiliflocken (nach Belieben)

1 EL gehackte Petersilie

1. Den Airfryer auf 180 °C vorheizen.

2. Das Backblech des Airfryers mit Backspray einsprühen. Garnelen, Olivenöl, Knoblauch, Zitronensaft und -schale, Salz und Chiliflocken (nach Belieben) auf das Backblech geben und sorgfältig miteinander vermischen. 7–8 Minuten garen, bis die Garnelen fest und dunkelrosa geworden sind.

3. Die Garnelen aus dem Airfryer nehmen, auf einer Servierplatte anrichten, mit der Petersilie bestreuen und warm servieren.

NÄHRWERTE PRO PORTION

Fett gesamt **13 g**	Cholesterin **340 mg**	Kohlenhydrate **5 g**	Zucker **1 g**
ges. Fettsäuren **1 g**	Natrium **383 mg**	Ballaststoffe **0 g**	Protein **46 g**

ERGIBT **5 Portionen**
VORBEREITUNG **20 Minuten**
GARZEIT **16 Minuten**
RUHEZEIT **5 Minuten**
TEMPERATUR **200 °C**

Diese Interpretation des asiatischen Klassikers ist eine perfekte Möglichkeit, um Reste von Hähnchenfleisch zu verwerten.

Barbecue-Wan-Tans

2 EL fein geriebene Möhren

2 EL fein geriebene Zucchini

40 g Hähnchenfleisch (ohne Haut), gegart und fein gewürfelt

1 EL eingelegte Jalapeño-Chilis, fein gehackt

3 EL Frischkäse

2 TL Barbecuesauce

20 Wan-Tan-Blätter

1 EL Rapsöl

1. Den Airfryer auf 200 °C vorheizen.

2. Geriebene Möhren und Zucchini in ein Küchentuch geben und überschüssiges Wasser ausdrücken.

3. Möhren, Zucchini, Hähnchen, Jalapeño-Chilis, Frischkäse und Barbecuesauce in einer großen Schüssel miteinander vermischen.

4. In die Mitte eines Wan-Tan-Blatts 1 TL der Füllung setzen, die Ränder mit etwas Wasser bepinseln und das Teigblatt zu einem Dreieck falten. (Falls die Teigblätter mehliert sind, die Füllung auf die mehlierte Seite geben.)

5. Die restlichen Wan Tans ebenso zubereiten, auf einen Teller legen und mit einem angefeuchteten Küchentuch abdecken. Die Teigtaschen vor dem Backen mit etwas Rapsöl bepinseln.

6. Das Backblech des Airfryers mit Backspray einsprühen, Fünf Wan Tans darauflegen und 4 Minuten backen, bis sie goldbraun sind, dann aus dem Airfryer nehmen. Die restlichen Wan Tans ebenso zubereiten.

7. Wan Tans 5 Minuten auf einem Kuchengitter abkühlen lassen und servieren.

Herkömmlich frittierte Wan Tans können leicht über 500 Kalorien enthalten – als Vorspeise!

NÄHRWERTE PRO PORTION

Fett gesamt **6 g**	Cholesterin **19 mg**	Kohlenhydrate **21 g**	Zucker **1 g**
ges. Fettsäuren **2 g**	Natrium **288 mg**	Ballaststoffe **1 g**	Protein **6 g**

ERGIBT **2 Portionen**
VORBEREITUNG **15 Minuten**
GARZEIT **12–16 Minuten**
RUHEZEIT **5 Minuten**
TEMPERATUR **180 °C**

Diese würzigen Frühlingsrollen sind leichter und leckerer als herkömmlich zubereitete, die vor Frittierfett nur so triefen und jede Menge Kalorien enthalten.

Vegetarische Frühlingsrollen

1 EL Olivenöl

200 g Weißkohl, gehackt

90 g kleine braune Champignons, gehackt

1 TL natriumarme Sojasauce

4 Teigblätter für Frühlingsrollen

1. Den Airfryer auf 180 °C vorheizen.

2. In einem kleinen Topf 1 TL Olivenöl erhitzen. Weißkohl, Champignons und Sojasauce hineingeben und bei mittlerer Hitze 2 Minuten andünsten.

3. Auf jedes der Teigblätter mittig 2 TL der Füllung setzen. Nun die Teigblätter am Rand mit etwas Wasser bepinseln, die Seiten zur Mitte hin einschlagen und die Frühlingsrollen von der langen Seite her aufrollen. Zum Schluss die Frühlingsrollen mit dem restlichen Olivenöl (etwa 2 TL) bestreichen.

4. Den Korbeinsatz des Airfryers mit Backspray einsprühen, zwei Frühlingsrollen hineinlegen und 5–7 Minuten backen, bis sie goldbraun sind. Dann die beiden Frühlingsrollen aus dem Airfryer nehmen und die restlichen Rollen ebenso zubereiten.

5. Die fertigen Frühlingsrollen 5 Minuten auf einem Kuchengitter abkühlen lassen und dann servieren.

NÄHRWERTE PRO PORTION

Fett gesamt **6 g**	Cholesterin **6 mg**	Kohlenhydrate **26 g**	Zucker **2 g**
ges. Fettsäuren **0 g**	Natrium **242 mg**	Ballaststoffe **2 g**	Protein **6 g**

Gebratenes Schweinefleisch in krossem Teig – einfach himmlisch! Für mehr Nährstoffe geben Sie noch etwas von Ihrem Lieblingsgemüse hinzu.

Empanadas mit Schweinefleisch

308 KALORIEN PRO PORTION

ERGIBT **4 Portionen**
VORBEREITUNG **15 Minuten**
GARZEIT **35–40 Minuten**
RUHEZEIT **15 Minuten**
TEMPERATUR **180 °C/200 °C**

170 g Schweinefilet

grobes Salz

frisch gemahlener schwarzer Pfeffer

2 EL scharfe Barbecuesauce

225 g Mürbeteig (aus dem Kühlregal)

1. Den Airfryer auf 180 °C vorheizen.

2. Den Korbeinsatz des Airfryers mit Backspray einsprühen. Das Schweinefleisch mit Salz und Pfeffer würzen, in den Korbeinsatz geben und 20 Minuten garen.

3. Das Fleisch aus dem Airfryer nehmen und auf einem Kuchengitter 10 Minuten abkühlen lassen. In der Zwischenzeit den Korbeinsatz des Airfryers säubern und den Airfryer auf 200 °C stellen.

4. Das Schweinefilet in sehr kleine Stücke schneiden und in einer Schüssel mit der Barbecuesauce vermengen.

5. Den Mürbeteig ausrollen und acht Kreise (10 cm ø) ausstechen. Je 1 EL Füllung in die Mitte geben und die Ränder vorsichtig übereinanderschlagen, sodass eine Teigtasche entsteht. Die Ränder mit einer Gabel fest zusammendrücken und mit einem scharfen Messer ein kleines Loch in die Oberseite der Teigtaschen stechen.

6. Den Korbeinsatz des Airfryers mit Backspray einsprühen, dann zwei bis drei Empanadas in den Korb geben und 5 Minuten backen, bis sie goldbraun sind. Aus dem Airfryer nehmen und die restlichen Empanadas ebenso zubereiten.

7. Die Empanadas vor dem Servieren 5 Minuten auf einem Kuchengitter abkühlen lassen.

NÄHRWERTE PRO PORTION

Fett gesamt **13 g**	Cholesterin **20 mg**	Kohlenhydrate **31 g**	Zucker **5 g**
ges. Fettsäuren **5 g**	Natrium **334 mg**	Ballaststoffe **0 g**	Protein **12 g**

354 KALORIEN
PRO PORTION

ERGIBT **2 Portionen**
VORBEREITUNG **10 Minuten**
GARZEIT **17 Minuten**
TEMPERATUR **200 °C**

Sie mögen keinen Tofu? Dann haben Sie ihn noch nie wie hier gebraten probiert! Im Airfryer bekommt er eine unwiderstehlich knusprige Kruste.

Gebratener Tofu mit Gemüse

230 g extra fester Tofu, gewürfelt

2 TL Rapsöl

1 Prise grobes Salz

360 g Zuckerschoten

1 rote Paprikaschote, entkernt und in dünne Streifen geschnitten

2 TL natriumarme Sojasauce

280 g Naturreis, gekocht

1. Den Airfryer auf 200 °C vorheizen.

2. Den Korbeinsatz des Airfryers mit Backspray einsprühen. Den Tofu mit Küchenpapier trocken tupfen, in den Korbeinsatz geben, mit dem Rapsöl beträufeln und 12 Minuten garen, bis er goldbraun und knusprig ist.

3. Tofu aus dem Airfryer nehmen, auf einen mit Küchenpapier belegten Teller geben und mit Salz bestreuen. Zum Abkühlen beiseitestellen.

4. Den Korbeinsatz des Airfryers säubern und erneut mit Backspray einsprühen. Zuckerschoten, Paprika und Sojasauce hineingeben und 5 Minuten garen.

5. Das Gemüse aus dem Airfryer nehmen. Jeweils die Hälfte des Reises auf einen Teller geben, Tofu, Zuckerschoten und Paprikastreifen darauf anrichten und warm servieren.

NÄHRWERTE PRO PORTION

Fett gesamt **11 g**	Cholesterin **0 mg**	Kohlenhydrate **48 g**	Zucker **8 g**
ges. Fettsäuren **1 g**	Natrium **277 mg**	Ballaststoffe **7 g**	Protein **20 g**

ERGIBT **1 Portion**
VORBEREITUNG **5 Minuten**
GARZEIT **5 Minuten**
TEMPERATUR **165 °C**

Dieses knusprige Sandwich ist gefüllt mit magerer Putenbrust, würzigen Paprikastreifen und pikantem Dijonsenf – und es ist in weniger als 10 Minuten fertig.

Sandwich mit Pute & Paprika

2 Scheiben Volkorntoast

2 TL Dijonsenf

2 Scheiben Emmentaler (20 % Fett)

60 g gekochter Putenbrustaufschnitt, in dünne Scheiben geschnitten

3 Streifen gegrillte rote Paprikaschote (aus dem Glas)

1. Den Airfryer auf 165 °C vorheizen.

2. Beide Scheiben Vollkorntoast auf je einer Seite mit dem Dijonsenf bestreichen. Einen Toast in beliebiger Reihenfolge mit Emmentaler, Putenbrustaufschnitt und gegrillter Paprikaschote belegen. Mit der zweiten Toastbrotscheibe bedecken und die beiden äußeren Seiten des Brots mit Backspray einsprühen.

3. Den Korbeinsatz des Airfryers mit Backspray einsprühen, das Sandwich hineingeben und 5 Minuten backen, bis das Brot Röstspuren bekommt und der Käse schmilzt.

4. Das Sandwich aus dem Airfryer nehmen, auf einem Kuchengitter kurz abkühlen lassen und warm servieren.

Im Restaurant hat ein Sandwich üblicherweise mehr als 500 Kalorien!

NÄHRWERTE PRO PORTION

| Fett gesamt **5 g** | Cholesterin **40 mg** | Kohlenhydrate **38 g** | Zucker **7 g** |
| ges. Fettsäuren **1 g** | Natrium **879 mg** | Ballaststoffe **3 g** | Protein **29 g** |

Lust, mal etwas Neues auszuprobieren? Wenn Sie dieses knusprige Sandwich gekostet haben, werden Sie Schinkensandwiches mit ganz anderen Augen sehen.

320 KALORIEN
PRO PORTION

ERGIBT **1 Portion**
VORBEREITUNG **5 Minuten**
GARZEIT **5 Minuten**
TEMPERATUR **150°C**

Schinken-Käse-Sandwich

2 Scheiben Vollkorntoast

2 TL Dijonsenf

2 Scheiben Cheddar
(18,5 % Fett)

30 g Kochschinken
(natriumarm), in dünne
Scheiben geschnitten

3 Scheiben säuerlicher,
grüner Apfel
(z. B. Granny Smith)

1. Den Airfryer auf 150 °C vorheizen.

2. Beide Scheiben Vollkorntoast auf je einer Seite mit dem Dijonsenf bestreichen. Einen Toast in beliebiger Reihenfolge mit Cheddar, Kochschinken und Apfelscheiben belegen. Mit der zweiten Toastbrotscheibe bedecken und die beiden äußeren Seiten des Brots mit Backspray einsprühen.

3. Den Korbeinsatz des Airfryers mit Backspray einsprühen, das Sandwich hineingeben und 5 Minuten backen, bis das Brot Röstspuren bekommt und der Käse schmilzt.

4. Das Sandwich aus dem Airfryer nehmen, auf einem Kuchengitter kurz abkühlen lassen und warm servieren.

NÄHRWERTE PRO PORTION

Fett gesamt **6 g**	Cholesterin **18 mg**	Kohlenhydrate **45 g**	Zucker **12 g**
ges. Fettsäuren **1 g**	Natrium **708 mg**	Ballaststoffe **7 g**	Protein **21 g**

Tex-Mex-Gerichte müssen nicht schwer und kalorienreich sein. Und was wäre typischer für die Tex-Mex-Küche als Tacos mit Salsa?

455 KALORIEN PRO PORTION

ERGIBT **8 Portionen**
VORBEREITUNG **20 Minuten**
GARZEIT **40 Minuten**
TEMPERATUR **200 °C**

Tacos mit Fisch & Avocadosalsa

50 g Mehl

1 Ei (Größe L), verquirlt

330 g Panko-Mehl

1 Prise grobes Salz

1 Prise frisch gemahlener schwarzer Pfeffer

450 g Kabeljaufilet, in 16 Streifen geschnitten

2 EL Rapsöl

8 Maistortillas (15 cm ø)

Für die Salsa

1 Avocado, gewürfelt

160 g Tomaten, klein gewürfelt

30 g Zwiebel, gehackt

1 Prise grobes Salz

1 Spritzer Limettensaft

1. Den Airfryer auf 200 °C vorheizen.

2. Mehl, Ei und Panko-Mehl in drei flache Schalen geben und jeweils mit 1 Prise Salz und Pfeffer würzen.

3. Die Fischstreifen zuerst im Mehl, dann im Ei und zum Schluss im Panko-Mehl wenden.

4. Den Korbeinsatz des Airfryers mit Backspray einsprühen, 4 Fischstreifen mit 1 TL Rapsöl beträufeln, in den Korb geben und 10 Minuten garen.

5. Den Fisch herausnehmen und auf ein Kuchengitter geben. Die restlichen Fischstücke ebenso zubereiten.

6. In der Zwischenzeit für die Salsa Avocado, Tomaten, Zwiebel, Salz und Limettensaft in einer Schüssel vermischen. Beiseitestellen.

7. Die Maistortillas ausbreiten. Jeweils zwei Stücke Fisch auf eine Maistortilla geben und mit einem Achtel der Salsa anrichten. Warm servieren.

Tipp:
Sie können die Toppings nach Belieben austauschen. Versuchen Sie auch einmal Kopfsalat oder Chilisauce.

NÄHRWERTE PRO PORTION

Fett gesamt **17 g**	Cholesterin **99 mg**	Kohlenhydrate **50 g**	Zucker **4 g**
ges. Fettsäuren **3 g**	Natrium **384 mg**	Ballaststoffe **8 g**	Protein **29 g**

BEILAGEN

In köstlichen Beilagen verstecken sich oft viele Kalorien und Fett. Doch mit dem Airfryer können Sie alles ohne Reue genießen – sogar Pommes frites!

204 KALORIEN
PRO PORTION

ERGIBT **2 Portionen**
VORBEREITUNG **5 Minuten**
GARZEIT **10–11 Minuten**
RUHEZEIT **5 Minuten**
TEMPERATUR **200 °C**

Außen knusprig, innen luftig zart und mit genau der richtigen Würze: Die Pommes frites aus dem Airfryer sind ebenso köstlich wie gesund.

Pommes frites klassisch

2 große mehligkochende Kartoffeln (mit Schale), gewaschen und trocken getupft

2 TL Olivenöl

1 Prise grobes Salz

1. Den Airfryer auf 200 °C vorheizen.

2. Die Kartoffeln zu Pommes frites schneiden und mit Olivenöl und Salz in einer Schüssel vermischen, bis die Kartoffelstifte rundherum mit Öl überzogen sind.

3. Den Korbeinsatz des Airfryers mit Backspray einsprühen, die Pommes frites hineingeben und 5 Minuten backen.

4. Den Airfryer anhalten, die Pommes frites im Korb vorsichtig schwenken und weitere 5-6 Minuten backen, bis sie kross und goldbraun sind.

5. Die Pommes frites aus dem Airfryer nehmen und vor dem Servieren 5 Minuten auf einem Kuchengitter abkühlen lassen.

Eine große Portion Pommes im Restaurant enthält über 500 Kalorien und mehr als 25 Gramm Fett!

NÄHRWERTE PRO PORTION

Fett gesamt **5 g**	Cholesterin **0 mg**	Kohlenhydrate **37 g**	Zucker **2 g**
ges. Fettsäuren **1 g**	Natrium **153 mg**	Ballaststoffe **5 g**	Protein **4 g**

Ein Caesar Salad hat an Nährstoffen normalerweise nicht viel zu bieten. Zeit für eine neue, gesündere Interpretation des Salat-Klassikers!

Caesar Salad mit Grünkohl & Croûtons

180 KALORIEN PRO PORTION

ERGIBT **2 Portionen**
VORBEREITUNG **10 Minuten**
GARZEIT **7 Minuten**
TEMPERATUR **180 °C**

400 g Grünkohl, gehackt

1 TL Olivenöl

1 EL griechischer Joghurt (0,2 % Fett)

1 Msp. Dijonsenf

1 EL geriebener Parmesan

Für die Croûtons

80 g Vollkorntoast, gewürfelt

2 TL Olivenöl

1. Den Airfryer auf 180 °C vorheizen.

2. Den Korbeinsatz des Airfryers mit Backspray einsprühen, 100 g Grünkohl hineingeben und 2 Minuten garen, bis der Kohl knusprig wird.

3. In der Zwischenzeit für das Dressing Olivenöl, Joghurt, Dijonsenf und Parmesan in einer großen Schüssel miteinander verrühren. Beiseitestellen.

4. Den Grünkohl aus dem Airfryer nehmen und auf einem mit Küchenpapier belegten Teller abkühlen lassen. Den Korbeinsatz säubern.

5. Für die Croûtons das Brot in einer Schüssel mit dem Olivenöl vermengen, die Brotwürfel in den Korbeinsatz geben und 5 Minuten backen, bis sie goldbraun sind, dann aus dem Airfryer nehmen.

6. Den gegarten und den rohen Grünkohl in die Schüssel mit dem Dressing geben und alles gut miteinander vermischen, die Croûtons auf dem Salat anrichten und sofort servieren.

NÄHRWERTE PRO PORTION

Fett gesamt **8 g**	Cholesterin **2 mg**	Kohlenhydrate **23 g**	Zucker **5 g**
ges. Fettsäuren **1 g**	Natrium **147 mg**	Ballaststoffe **6 g**	Protein **10 g**

ERGIBT **2 Portionen**
VORBEREITUNG **5 Minuten**
GARZEIT **15 Minuten**
RUHEZEIT **5 Minuten**
TEMPERATUR **180 °C**

Süßkartoffelpommes sind meist nicht gesünder als die klassischen Pommes frites. Doch diese Variante kommt mit wenig Fett aus, und strotzt dank Dill vor Aroma.

Süßkartoffel-pommes mit Feta & Dill

1 große Süßkartoffel, geschält

1 EL Rapsöl

1 Prise grobes Salz

2 EL zerbröckelter Feta

2 EL gehackter Dill

1. Den Airfryer auf 180 °C vorheizen.

2. Die Süßkartoffel in 1,5 cm dicke Stifte schneiden.

3. Die Süßkartoffelstifte in einer Schüssel mit Rapsöl und Salz vermengen, bis die Kartoffeln rundherum mit Öl überzogen sind.

4. Den Korbeinsatz des Airfryers mit Backspray einsprühen, die Süßkartoffelstifte hineingeben und 15 Minuten backen.

5. Die Süßkartoffelpommes aus dem Airfryer nehmen und auf einem mit Küchenpapier belegten Teller 5 Minuten abkühlen lassen. Auf Tellern anrichten, Feta und Dill darüberstreuen und sofort servieren.

Verglichen mit frittierten Süß-kartoffelpommes spart man bis zu 300 Kalorien pro Portion.

NÄHRWERTE PRO PORTION

Fett gesamt **9 g**	Cholesterin **8 mg**	Kohlenhydrate **20 g**	Zucker **6 g**
ges. Fettsäuren **2 g**	Natrium **326 mg**	Ballaststoffe **3 g**	Protein **3 g**

ERGIBT **4 Portionen**
VORBEREITUNG **10 Minuten**
GARZEIT **30 Minuten**
RUHEZEIT **10 Minuten**
TEMPERATUR **165 °C**

Diese leichte, gesunde Beilage aus dem Airfryer schmeckt einfach köstlich zu Hähnchen – ein wunderbares Gericht für Feiertage.

Süßkartoffel-soufflé

2 EL Butter

1 Süßkartoffel, gegart und zerstampft

1 Ei (Größe L), getrennt

50 ml Milch

½ TL grobes Salz

1. Den Airfryer auf 165 °C vorheizen.

2. In einem Topf 1 EL Butter zerlassen. Süßkartoffelstampf, zerlassene Butter, Eigelb, Milch und Salz in einer Schüssel miteinander verrühren. Beiseitestellen.

3. In einer zweiten Schüssel das Eiweiß steif schlagen, bis sich Spitzen bilden.

4. Den Eischnee mit einem Kochlöffel vorsichtig unter die Süßkartoffelmischung heben.

5. Vier Auflaufförmchen (7,5 cm ø) mit der restlichen Butter (1 EL) auspinseln, dann jedes Förmchen etwa zur Hälfte mit der Süßkartoffelmasse füllen. Zwei Förmchen in den Korbeinsatz des Airfryers stellen und 15 Minuten backen. Dann die Förmchen aus dem Airfryer nehmen und die restlichen Soufflés ebenso zubereiten.

6. Die Soufflés vor dem Servieren 10 Minuten auf einem Kuchengitter abkühlen lassen.

Verzichten Sie auf käsehaltige Soufflés, sie enthalten fast 200 Kalorien mehr.

NÄHRWERTE PRO PORTION

Fett gesamt **7 g**	Cholesterin **63 mg**	Kohlenhydrate **10 g**	Zucker **4 g**
ges. Fettsäuren **4 g**	Natrium **181 mg**	Ballaststoffe **1 g**	Protein **3 g**

Blumenkohl ist zum Superfood avanciert: Er enthält wenig Kalorien und viele wertvolle Nährstoffe, von denen manche sogar Ihr Krebsrisiko reduzieren können.

91 KALORIEN PRO PORTION

ERGIBT **6 Portionen**
VORBEREITUNG **10 Minuten**
GARZEIT **16 Minuten**
RUHEZEIT **5 Minuten**
TEMPERATUR **200 °C**

Blumenkohl-Parmesan-Küchlein

360 g Blumenkohl, gegart

1 Ei (Größe L), verquirlt

115 g Parmesan, gerieben

1 EL Schnittlauchröllchen

165 g Panko-Mehl

1. Den Airfryer auf 200 °C vorheizen.

2. Blumenkohl, Ei, Parmesan, Schnittlauch und Panko-Mehl in einer großen Schüssel miteinander vermengen, dann mit einem Kartoffelstampfer zu einer stückigen Masse zerstampfen.

3. Aus der Masse sechs gleich große runde Küchlein formen und von beiden Seiten mit Backspray einsprühen.

4. Den Korbeinsatz des Airfryers mit Backspray einsprühen, drei Küchlein hineingeben und 8 Minuten backen. Die Küchlein aus dem Airfryer nehmen und die restlichen Küchlein ebenso zubereiten.

5. Die Blumenkohl-Küchlein 5 Minuten auf einem Kuchengitter abkühlen lassen und dann servieren.

NÄHRWERTE PRO PORTION

Fett gesamt **3 g**	Cholesterin **38 mg**	Kohlenhydrate **9 g**	Zucker **1 g**
ges. Fettsäuren **2 g**	Natrium **160 mg**	Ballaststoffe **1 g**	Protein **6 g**

Diese pikanten Maisfladen können Sie ohne Reue genießen. Käse und Jalapeño-Chilis machen sie zu einer leckeren Beilage zu Suppen oder Gegrilltem.

120 KALORIEN PRO PORTION

ERGIBT **8 Portionen**
VORBEREITUNG **10 Minuten**
GARZEIT **20 Minuten**
RUHEZEIT **10 Minuten**
TEMPERATUR **150 °C**

Maisfladen mit Cheddar & Jalapeño-Chili

150 g Maismehl

45 g Weizenmehl

½ TL grobes Salz

¾ TL Backpulver

1 EL Zucker

2 EL Margarine, zerlassen

1 Ei (Größe L), verquirlt

150 ml Milch

40 g würziger Cheddar, gerieben

1 Jalapeño-Chili, entkernt und in feine Ringe geschnitten

1. Den Airfryer auf 150 °C vorheizen.

2. Maismehl, Weizenmehl, Salz, Backpulver und Zucker in einer großen Schüssel miteinander vermischen. Zerlassene Margarine, Ei und Milch mit einem Kochlöffel unterrühren, dann vorsichtig Käse und Jalapeño-Chili unterheben.

3. Das Backblech des Airfryers mit Backspray einsprühen, die Teigmasse gleichmäßig auf dem Backblech verteilen und 20 Minuten backen. Bleibt an einem in der Mitte hineingesteckten Holzstäbchen kein Teig mehr haften, ist der Fladen fertig.

4. Den Maisfladen aus dem Airfryer nehmen und mit dem Backblech 10 Minuten auf einem Kuchengitter abkühlen lassen. In acht gleich große Stücke schneiden und warm servieren.

Herkömmliche Maisfladen haben einen doppelt so hohen Fettgehalt – meist wegen der Butter.

NÄHRWERTE PRO PORTION

| Fett gesamt **6 g** | Cholesterin **32 mg** | Kohlenhydrate **13 g** | Zucker **3 g** |
| ges. Fettsäuren **2 g** | Natrium **190 mg** | Ballaststoffe **1 g** | Protein **4 g** |

59 KALORIEN
PRO PORTION

ERGIBT **4 Portionen**
VORBEREITUNG **10 Minuten**
GARZEIT **20 Minuten**
RUHEZEIT **5 Minuten**
TEMPERATUR **180 °C**

So schnell wird aus einer einfachen Zucchini eine fantastische Beilage! Diese Pommes sind zart, süßlich, kross ... und überzeugen alle Genießer!

Zucchini-pommes

1 EL Margarine, zerlassen

40 g Weißbrotbrösel

1 Prise grobes Salz

1 Prise frisch gemahlener schwarzer Pfeffer

1 mittelgroße Zucchini, in 48 Stifte geschnitten

1. Den Airfryer auf 180 °C vorheizen.

2. Zerlassene Margarine und Weißbrotbrösel mit Salz und Pfeffer in zwei flache Schalen geben.

3. Die gestiftelte Zucchini zuerst in der Margarine, dann in den Weißbrotbröseln wenden. Die panierten Zucchinistifte auf einen Teller geben.

4. Den Korbeinsatz des Airfryers mit Backspray einsprühen, die Hälfte der Zucchinistifte hineingeben und 10 Minuten backen, bis sie knusprig sind. Dann aus dem Airfryer nehmen und die restlichen Zucchinistifte ebenso zubereiten.

5. Die fertigen Zucchinipommes 5 Minuten auf einem Kuchengitter abkühlen lassen und servieren.

NÄHRWERTE PRO PORTION

Fett gesamt **3 g**	Cholesterin **0 mg**	Kohlenhydrate **7 g**	Zucker **3 g**
ges. Fettsäuren **1 g**	Natrium **209 mg**	Ballaststoffe **1 g**	Protein **2 g**

Probieren Sie diese unwiderstehlich knusprigen Auberginenschnitten nur mit einem Spritzer Zitronensaft oder mit würziger Marinarasauce zum Dippen.

113 KALORIEN PRO PORTION

ERGIBT **4 Portionen**
VORBEREITUNG **15 Minuten**
GARZEIT **30 Minuten**
TEMPERATUR **180 °C**

Aubergine im Pankomantel

65 g Mehl

1 Ei (Größe L), verquirlt

330 g Panko-Mehl

1 TL grobes Salz (+ mehr zum Anrichten)

1 TL frisch gemahlener schwarzer Pfeffer

2 EL Rapsöl

1 mittelgroße Aubergine, in Scheiben geschnitten

1. Den Airfryer auf 180 °C vorheizen.

2. Mehl, Ei und Panko-Mehl in drei flache Schalen geben und jeweils mit der gleichen Menge Salz und Pfeffer würzen. Das Rapsöl unter das Panko-Mehl rühren.

3. Die Auberginenscheiben einzeln zuerst im Mehl, dann im Ei und schließlich im Paniermehl wenden. Überschüssige Brösel vorsichtig abschütteln und die panierten Scheiben auf einen Teller geben.

4. Den Korbeinsatz des Airfryers mit Backspray einsprühen, 2-3 Auberginenscheiben hineingeben und 6 Minuten backen, bis sie knusprig und goldbraun sind. Dann aus dem Airfryer nehmen und die restlichen Auberginenscheiben ebenso zubereiten.

5. Die Auberginen auf ein Kuchengitter geben, mit 1 Prise grobem Salz bestreuen und servieren.

NÄHRWERTE PRO PORTION

Fett gesamt **5 g**	Cholesterin **47 mg**	Kohlenhydrate **15 g**	Zucker **5 g**
ges. Fettsäuren **1 g**	Natrium **172 mg**	Ballaststoffe **4 g**	Protein **4 g**

Gemüsenudeln sind perfekt, um Ihre Lieblingspasta genauso lecker, aber kalorienärmer zuzubereiten. Probieren Sie es auch mit anderen Pasta-Saucen!

70 KALORIEN
PRO PORTION

ERGIBT **4 Portionen**
VORBEREITUNG **10 Minuten**
GARZEIT **10 Minuten**
TEMPERATUR **180 °C**

Zucchinispaghetti aglio e olio

2 große gelbe Zucchini, geschält und zu Spiralen geschnitten

2 große grüne Zucchini, geschält und zu Spiralen geschnitten

3 TL Olivenöl

½ TL grobes Salz

1 Knoblauchzehe

2 EL gehacktes Basilikum

1. Den Airfryer auf 180 °C vorheizen.

2. Die Zucchinspiralen in einer Schüssel mit 1 TL Olivenöl und dem Salz vermischen.

3. Den Korbeinsatz des Airfryers mit Backspray einsprühen, Gemüsespiralen und Knoblauchzehe hineingeben und 10 Minuten garen.

4. Die Gemüsespiralen aus dem Airfryer nehmen und zurück in die Schüssel geben. Beiseitestellen.

5. Die Knoblauchzehe herausnehmen und fein hacken. Mit dem restlichen Olivenöl (2 TL) in einer kleinen Schüssel verrühren.

6. Das Knoblauchöl über die Gemüsespiralen geben, gründlich miteinander vermischen und mit dem Basilikum anrichten. Warm servieren.

Tipp:
Sie können die Zucchini mit dem Spiralschneider oder dem Julienneschäler zu »Nudeln« schneiden.

NÄHRWERTE PRO PORTION

Fett gesamt **7 g**	Cholesterin **0 mg**	Kohlenhydrate **8 g**	Zucker **5 g**
ges. Fettsäuren **4 g**	Natrium **145 mg**	Ballaststoffe **3 g**	Protein **3 g**

134 KALORIEN
PRO PORTION

ERGIBT **1 Portion**
VORBEREITUNG **2 Minuten**
GARZEIT **7 Minuten**
RUHEZEIT **5 Minuten**
TEMPERATUR **165 °C**

Vergessen Sie Knoblauchbrot! Diese Variante ist viel gesünder als Weißbrot und eine leckere Beilage zu hellem Fleisch und Gemüse.

Vollkorn-Käse-Toast

1 Scheibe Vollkorntoast

1 Knoblauchzehe

2 EL geriebener Mozzarella (8,5 % Fett)

1. Den Airfryer auf 165 °C vorheizen.

2. Den Korbeinsatz des Airfryers mit Backspray einsprühen, den Vollkorntoast hineingeben und 2 Minuten rösten.

3. Den Airfryer anhalten, das Toastbrot herausnehmen und vorsichtig mit der Knoblauchzehe einreiben.

4. Den Toast zurück in den Airfryer geben, den Mozzarella darauf verteilen und weitere 5 Minuten rösten, bis der Käse schmilzt.

5. Den Käsetoast aus dem Airfryer nehmen und vor dem Servieren 5 Minuten auf einem Kuchengitter abkühlen lassen.

So zubereitet hat Käsetoast 75 Kalorien weniger als Knoblauchbrot.

NÄHRWERTE PRO PORTION

Fett gesamt **5 g**	Cholesterin **8 mg**	Kohlenhydrate **18 g**	Zucker **1 g**
ges. Fettsäuren **2 g**	Natrium **206 mg**	Ballaststoffe **2 g**	Protein **6 g**

Diese ungewöhnliche Kombination sieht edel aus, ist aber einfach zuzubereiten. Eine großartige Beilage zu gegrilltem Hähnchen oder Räucherlachs.

Butternusskürbis mit Haselnuss

90 KALORIEN PRO PORTION

ERGIBT **4 Portionen**
VORBEREITUNG **20 Minuten**
GARZEIT **23 Minuten**
TEMPERATUR **150°C/180°C**

2 EL Haselnusskerne

450 g Butternusskürbis, geschält, entkernt und gewürfelt

2 TL Olivenöl

1 Prise grobes Salz

1 Prise frisch gemahlener schwarzer Pfeffer

1. Den Airfryer auf 150°C vorheizen.

2. Den Korbeinsatz des Airfryers mit Backspray einsprühen, die Haselnüsse hineingeben und 3 Minuten rösten.

3. Die Nüsse aus dem Airfryer nehmen, grob hacken und in eine kleine Schüssel geben. Beiseitestellen.

4. Den Korbeinsatz säubern und den Airfryer auf 180°C stellen.

5. Die Kürbiswürfel in einer Schüssel mit Olivenöl, Salz und schwarzem Pfeffer vermengen.

6. Den Korbeinsatz des Airfryers mit Backspray einsprühen, den Kürbis hineingeben und 20 Minuten bei 180°C garen, bis er gabelzart ist.

7. Den Kürbis aus dem Airfryer nehmen, in eine Servierschüssel geben und mit den gehackten Haselnüssen bestreuen. Warm servieren.

NÄHRWERTE PRO PORTION

Fett gesamt **5 g**	Cholesterin **0 mg**	Kohlenhydrate **13 g**	Zucker **2 g**
ges. Fettsäuren **1 g**	Natrium **74 mg**	Ballaststoffe **2 g**	Protein **2 g**

Rote Bete gehört zu den gesündesten Gemüsesorten und steckt randvoll mit Antioxidanzien. Falls Sie noch kein Fan sind, wird dieses Rezept Sie dazu machen.

Rote-Bete-Salat mit Zitronen-vinaigrette

136 KALORIEN PRO PORTION

ERGIBT **4 Portionen**
VORBEREITUNG **5 Minuten**
GARZEIT **12–15 Minuten**
RUHEZEIT **5 Minuten**
TEMPERATUR **180°C**

6 mittelgroße Rote und Gelbe Beten, geschält und in Spalten geschnitten

1 TL Olivenöl

1 Prise grobes Salz

160 g gemischter Blattsalat

120 g Feta, zerbröckelt

Für die Vinaigrette

2 TL Olivenöl

Saft von 1 Zitrone

2 EL Schnittlauchröllchen

1. Den Airfryer auf 180°C vorheizen.

2. Die Roten und Gelben Beten in einer großen Schüssel mit Olivenöl und Salz vermengen.

3. Den Korbeinsatz des Airfryers mit Backspray einsprühen, die Roten und Gelben Beten hineingeben und 12-15 Minuten garen, bis sie weich sind.

4. In der Zwischenzeit für die Vinaigrette Olivenöl, Zitronensaft und Schnittlauchröllchen in einer Schüssel miteinander verrühren.

5. Die Roten und Gelben Beten aus dem Airfryer nehmen, gut mit der Vinaigrette vermengen und 5 Minuten abkühlen lassen. Auf den gemischten Blattsalaten anrichten und mit Feta bestreuen.

NÄHRWERTE PRO PORTION

Fett gesamt **8 g**	Cholesterin **17 mg**	Kohlenhydrate **13 g**	Zucker **8 g**
ges. Fettsäuren **3 g**	Natrium **342 mg**	Ballaststoffe **4 g**	Protein **5 g**

112 KALORIEN PRO PORTION

ERGIBT **4 Portionen**
VORBEREITUNG **10 Minuten**
GARZEIT **8–10 Minuten**
TEMPERATUR **180 °C**

Pastinaken sind ein unterschätztes Gemüse. Diese Pommes punkten mit sättigenden Ballaststoffen und stillen den Appetit auf einen salzigen Snack.

Pastinakenpommes mit Knoblauchdip

3 mittelgroße Pastinaken, geschält

1 TL Olivenöl

1 Prise grobes Salz

1 Knoblauchzehe, ungeschält

Für den Dip

60 g griechischer Joghurt (0,2 % Fett)

1 EL saure Sahne

1 Prise grobes Salz

1 Msp. Knoblauchpulver

frisch gemahlener schwarzer Pfeffer

1. Den Airfryer auf 180 °C vorheizen.

2. Die Pastinaken zu Stiften schneiden und in einer Schüssel mit Olivenöl und Salz vermengen.

3. Den Korbeinsatz des Airfryers mit Backspray einsprühen, die Pastinakenstifte und die Knoblauchzehe hineingeben und 5 Minuten backen.

4. Den Airfryer anhalten, die Knoblauchzehe herausnehmen, dann schälen und zerdrücken. Die Pastinakenstifte vorsichtig im Korb schwenken und weitere 3-5 Minuten garen.

5. In der Zwischenzeit für den Dip zerdrückten Knoblauch, griechischen Joghurt, saure Sahne, Salz und Knoblauchpulver in einer Schüssel miteinander verrühren. Beiseitestellen.

6. Die Pastinakenpommes aus dem Airfryer nehmen, auf ein Kuchengitter geben und mit schwarzem Pfeffer würzen. Warm servieren und den Dip extra dazu reichen.

NÄHRWERTE PRO PORTION

Fett gesamt **2 g**	Cholesterin **3 mg**	Kohlenhydrate **21 g**	Zucker **6 g**
ges. Fettsäuren **1 g**	Natrium **159 mg**	Ballaststoffe **4 g**	Protein **3 g**

Diese gesunde Interpretation eines klassischen Mais-auflaufs strotzt nur so vor Aroma. Cayennepfeffer sorgt für den Extrakick.

214 KALORIEN PRO PORTION

Maisauflauf

ERGIBT **4 Portionen**
VORBEREITUNG **10 Minuten**
GARZEIT **20 Minuten**
RUHEZEIT **10 Minuten**
TEMPERATUR **165 °C**

65 g Mehl

80 g Maismehl

1 EL Zucker

½ TL Backpulver

1 Prise grobes Salz

1 Prise Cayennepfeffer

2 EL Butter, zerlassen

100 ml Milch (1,5 % Fett)

1 Ei (Größe L), verquirlt

115 g Maiskörner

40 g Paprikaschote, entkernt und fein gehackt

1. Den Airfryer auf 165 °C vorheizen.

2. Mehl, Maismehl, Zucker, Backpulver, grobes Salz und Cayennepfeffer in einer großen Schüssel miteinander vermischen. Butter, Milch und Ei unterrühren, dann Maiskörner und Paprika vorsichtig unterheben.

3. Das Backblech des Airfryers mit Backspray einsprühen, die Maismischung hineingeben und 20 Minuten garen.

4. Den Maisauflauf aus dem Airfryer nehmen und vor dem Servieren 10 Minuten auf einem Kuchengitter abkühlen lassen.

Ganze Mais-körner sparen fast 150 Kalorien gegenüber dem Original mit Maiscreme.

NÄHRWERTE PRO PORTION

Fett gesamt **8 g**	Cholesterin **63 mg**	Kohlenhydrate **31 g**	Zucker **3 g**
ges. Fettsäuren **4 g**	Natrium **166 mg**	Ballaststoffe **3 g**	Protein **6 g**

287 KALORIEN PRO PORTION

ERGIBT **6 Portionen**
VORBEREITUNG **20 Minuten**
GARZEIT **60 Minuten**
RUHEZEIT **30 Minuten**
TEMPERATUR **200 °C**

Dieses klassische sizilianische Gericht ist oft genauso kalorienreich wie schmackhaft, aber im Airfryer zubereitet können Sie es guten Gewissens genießen.

Arancini mit Marinarasauce

280 g Arborio-Reis, gegart

25 g Parmesan, gerieben

30 g Mozzarella (8,5 % Fett), gerieben

1 Ei (Größe L), verquirlt

½ TL grobes Salz

1 Prise frisch gemahlener schwarzer Pfeffer

80 g Weißbrotbrösel

1 EL Olivenöl

80 g Panko-Mehl

Für die Sauce

2 EL Olivenöl

1 Knoblauchzehe, gehackt

2 Dosen stückige Tomaten (à 400 g)

½ TL grobes Salz

1. Gekochten Arborio-Reis, Parmesan, Mozzarella, Ei, Salz, Pfeffer und Weißbrotbrösel in einer großen Schüssel miteinander vermengen. Die Reismischung 30 Minuten in den Kühlschrank stellen.

2. Für die Sauce das Olivenöl bei schwacher Hitze erwärmen, den gehackten Knoblauch hinzugeben und 1 Minute darin anbraten. Tomaten und Salz hinzufügen und 20 Minuten köcheln lassen. Beiseitestellen.

3. Den Airfryer auf 200 °C vorheizen.

4. Olivenöl und Panko-Mehl in einer kleinen Schüssel miteinander vermischen. Mit den Händen je 1 TL der Reismischung zu Bällchen formen und in der Panko-Mischung wenden. (Feuchten Sie ihre Hände mit Wasser an, dann lassen sich die Bällchen leichter formen.)

5. Den Korbeinsatz des Airfryers mit Backspray einsprühen, fünf bis sechs Reisbällchen hineingeben und 8 Minuten backen, bis sie goldbraun sind. Die Arancini aus dem Airfryer nehmen und zum Abkühlen kurz auf ein Kuchengitter geben.

6. Die restlichen Reisbällchen ebenso zubereiten. Reisbällchen warm servieren, die Sauce extra dazu reichen.

NÄHRWERTE PRO PORTION

Fett gesamt **12 g**	Cholesterin **39 mg**	Kohlenhydrate **34 g**	Zucker **6 g**
ges. Fettsäuren **3 g**	Natrium **535 mg**	Ballaststoffe **3 g**	Protein **9 g**

149 KALORIEN
PRO PORTION

ERGIBT **2 Portionen**
VORBEREITUNG **15 Minuten**
GARZEIT **15 Minuten**
TEMPERATUR **200 °C**

Knusprige, goldgelbe Zwiebelringe können Sie ebenfalls im Airfryer selbst machen. Sie sind deutlich gesünder als die frittierte Version vom Imbiss.

Goldgelbe Zwiebelringe

1 Gemüsezwiebel, geschält und in 1,5 cm dicke Scheiben geschnitten

65 g Mehl

240 g Buttermilch

165 g Panko-Mehl

1 EL Rapsöl

1. Den Airfryer auf 200 °C vorheizen.

2. Die Zwiebelscheiben in einzelne Ringe teilen und mehlieren. Dazu die Zwiebelringe mit dem Mehl in einen dicht verschließbaren Gefrierbeutel geben und gut durchschütteln. Dann beiseitestellen.

3. Buttermilch und Panko-Mehl in zwei flache Schalen geben. Das Panko-Mehl mit dem Rapsöl beträufeln.

4. Nacheinander die Zwiebelringe erst in die Buttermilch tauchen, dann im Paniermehl wenden. Die panierten Zwiebelringe auf einen Teller legen.

5. Den Korbeinsatz des Airfryers mit Backspray einsprühen, 5-6 Zwiebelringe hineingeben und 5 Minuten backen, bis sie goldbraun sind. Die Zwiebelringe aus dem Airfryer nehmen und die restlichen Zwiebelringe ebenso zubereiten.

6. Zwiebelringe auf einem Kuchengitter kurz abkühlen lassen und warm servieren.

Eine gleich große Portion fettgebackene Zwiebelringe enthält nahezu 500 Kalorien!

NÄHRWERTE PRO PORTION

Fett gesamt **6 g**	Cholesterin **3 mg**	Kohlenhydrate **20 g**	Zucker **4 g**
ges. Fettsäuren **1 g**	Natrium **178 mg**	Ballaststoffe **1 g**	Protein **4 g**

Im Airfryer zubereitet werden grüne Bohnen herrlich süß und zart – und behalten noch ein wenig Biss. Ein Gaumenschmaus, der Lust auf mehr Gemüse macht.

Knackige grüne Bohnen

55 KALORIEN PRO PORTION

ERGIBT **2 Portionen**
VORBEREITUNG **2 Minuten**
GARZEIT **5 Minuten**
TEMPERATUR **200 °C**

230 g frische grüne Bohnen

1 TL Rapsöl

1 Prise grobes Salz

1. Den Airfryer auf 200 °C vorheizen.

2. Den Korbeinsatz des Airfryers mit Backspray einsprühen. Die grünen Bohnen in einer großen Schüssel mit dem Rapsöl gut vermengen. Dann die Bohnen in den Airfryer geben und 5 Minuten garen.

3. Die grünen Bohnen aus dem Airfryer nehmen, auf einem Servierteller anrichten und mit dem Salz bestreuen. Warm servieren.

NÄHRWERTE PRO PORTION

Fett gesamt **3 g**	Cholesterin **0 mg**	Kohlenhydrate **8 g**	Zucker **4 g**
ges. Fettsäuren **0 g**	Natrium **147 mg**	Ballaststoffe **3 g**	Protein **2 g**

In Restaurants wird Rosenkohl oft mit viel Butter kalorienreich zubereitet. Dieser hier ist schön leicht und kross – und dank der Glasur absolut köstlich!

69 KALORIEN PRO PORTION

Rosenkohl mit Sojaglasur

ERGIBT **4 Portionen**
VORBEREITUNG **10 Minuten**
GARZEIT **12 Minuten**
RUHEZEIT **5 Minuten**
TEMPERATUR **165 °C**

340 g Rosenkohl, geputzt und geviertelt

2 TL Sesamöl

1 EL Ahornsirup

1 EL natriumarme Sojasauce

1. Den Airfryer auf 165 °C vorheizen.

2. Den Rosenkohl in eine große Schüssel geben und beiseitestellen.

3. Für die Glasur Sesamöl, Ahornsirup und Sojasauce in einer kleinen Schüssel miteinander verrühren, dann über den Rosenkohl geben und gut vermengen.

4. Den Korbeinsatz des Airfryers mit Backspray einsprühen, den Rosenkohl hineingeben und 12 Minuten garen.

5. Den Rosenkohl aus dem Airfryer nehmen, auf einem Servierteller anrichten und vor dem Servieren 5 Minuten abkühlen lassen.

NÄHRWERTE PRO PORTION

Fett gesamt **3 g**	Cholesterin **0 mg**	Kohlenhydrate **10 g**	Zucker **3 g**
ges. Fettsäuren **0 g**	Natrium **84 mg**	Ballaststoffe **3 g**	Protein **3 g**

55 KALORIEN
PRO PORTION

ERGIBT **4 Portionen**
VORBEREITUNG **10 Minuten**
GARZEIT **15 Minuten**
RUHEZEIT **5 Minuten**
TEMPERATUR **165 °C**

Glasierte Möhren schmecken allein, als Beilage oder als süßes Extra auf einem Salat. Im Airfryer zubereitet bleiben sie schön knackig und nährstoffreich.

Glasierte Möhren

360 g Möhren, geschält und in 2,5 cm dicke Scheiben geschnitten

1 EL Honig

1. Den Airfryer auf 165 °C vorheizen.

2. Den Korbeinsatz des Airfryers mit Backspray einsprühen, die Möhren hineingeben und 10 Minuten garen.

3. Den Airfryer anhalten, den Honig und 3 EL Wasser unter die Möhren rühren und weitere 5 Minuten garen, bis die Möhren weich sind.

4. Die Möhren aus dem Airfryer nehmen, auf einem Servierteller anrichten und vor dem Servieren 5 Minuten abkühlen lassen.

NÄHRWERTE PRO PORTION

Fett gesamt **0 g**	Cholesterin **0 mg**	Kohlenhydrate **14 g**	Zucker **9 g**
ges. Fettsäuren **0 g**	Natrium **66 mg**	Ballaststoffe **3 g**	Protein **1 g**

Im Airfryer zubereitete Tomaten werden saftig-süß und pikant zugleich. Diese köstlichen, kalorienarmen Leckereien sind in wenigen Minuten fertig.

49 KALORIEN PRO PORTION

ERGIBT	**2 Portionen**
VORBEREITUNG	**5 Minuten**
GARZEIT	**10 Minuten**
RUHEZEIT	**5 Minuten**
TEMPERATUR	**180 °C**

Kirschtomaten mit Knoblauch & Basilikum

300 g Kirschtomaten

1 TL Olivenöl

1 Knoblauchzehe, in dünne Scheiben geschnitten

1 Prise grobes Salz

1 EL gehacktes Basilikum (zum Garnieren)

1. Den Airfryer auf 180 °C vorheizen.

2. Den Korbeinsatz des Airfryers mit Backspray einsprühen, die Kirschtomaten darin mit Olivenöl, Knoblauch und Salz vermischen und 10 Minuten garen, bis die Tomaten aufzuplatzen beginnen.

3. Tomaten und Knoblauch aus dem Airfryer nehmen, auf einem Servierteller anrichten und 5 Minuten abkühlen lassen. Dann mit gehacktem Basilikum bestreuen und sofort servieren.

NÄHRWERTE PRO PORTION

Fett gesamt **3 g**	Cholesterin **0 mg**	Kohlenhydrate **6 g**	Zucker **4 g**
ges. Fettsäuren **0 g**	Natrium **78 mg**	Ballaststoffe **2 g**	Protein **1 g**

KLEINE GERICHTE & SNACKS

Manchmal braucht man einfach eine Stärkung zwischendurch. Doch sollte man genau schauen, was man snackt. Aus dem Airfryer sind Snacks gesünder als alles, was Sie im Imbiss kaufen können.

114 KALORIEN
PRO PORTION

ERGIBT **4 Portionen**
VORBEREITUNG **10 Minuten**
GARZEIT **10 Minuten**
TEMPERATUR **180°C**

Diese aromatischen Minipizzen besänftigen sogar den größten Appetit auf einen salzigen Snack – und das ohne übermäßig viele Kalorien.

Minipizzen mit Würstchen

60 g Pizzateig
(s. S. 52)

2 EL Marinarasauce
(s. S. 98)

60 g Provolone,
in Stücke gezupft

2 Nürnberger Bratwürste,
in dünne Scheiben
geschnitten

1 Bund Petersilie,
gehackt
(zum Garnieren)

1. Den Airfryer auf 180°C vorheizen.

2. Den Pizzateig in vier gleich große Stücke teilen, zu Kugeln formen und auf einer leicht bemehlten Arbeitsfläche ausrollen.

3. Die Pizzaböden zu gleichen Teilen mit Marinarasauce, Provolone und Würstchenscheiben belegen.

4. Den Korbeinsatz des Airfryers mit Backspray einsprühen, zwei Minipizzen hineingeben und 5 Minuten backen. Die Pizzen aus dem Airfryer nehmen und die restlichen zwei Minipizzen ebenso zubereiten.

5. Die Pizzen mit Petersilie bestreuen, 5 Minuten auf einem Kuchengitter abkühlen lassen und servieren.

Mit diesem Pizzarezept sparen Sie nahezu 200 Kalorien pro Stück.

NÄHRWERTE PRO PORTION

Fett gesamt **6 g**	Cholesterin **16 mg**	Kohlenhydrate **7 g**	Zucker **1 g**
ges. Fettsäuren **3 g**	Natrium **290 mg**	Ballaststoffe **0 g**	Protein **6 g**

Frische Maistortillas werden im Airfryer zu einer leichten Variante der beliebten Chips – wunderbar salzig-knusprig, aber mit weniger Fett und Kalorien.

71 KALORIEN PRO PORTION

ERGIBT **4 Portionen**
VORBEREITUNG **5 Minuten**
GARZEIT **8–10 Minuten**
TEMPERATUR **180 °C**

Knusprige Mais-Chips

4 Maistortillas (15 cm ø)

1 EL Rapsöl

1 Prise grobes Salz

1. Den Airfryer auf 180 °C vorheizen.

2. Die Maistortillas aufeinander legen, halbieren und die Hälften in je drei Teile schneiden.

3. Den Korbeinsatz des Airfryers mit Backspray einsprühen, die Tortillas mit Rapsöl bepinseln, in den Airfryer geben und 5 Minuten backen.

4. Den Airfryer anhalten, die Tortillas vorsichtig im Korbeinsatz schwenken und weitere 3-5 Minuten backen, bis sie goldbraun und knusprig sind.

5. Die Chips aus dem Airfryer nehmen und auf einen mit Küchenpapier belegten Teller geben. Mit grobem Salz bestreuen und warm servieren.

Die gleiche Menge an fett-gebackenen Chips enthält doppelt so viele Kalorien.

NÄHRWERTE PRO PORTION

Fett gesamt **4 g**	Cholesterin **0 mg**	Kohlenhydrate **8 g**	Zucker **0 g**
ges. Fettsäuren **0 g**	Natrium **79 mg**	Ballaststoffe **1 g**	Protein **1 g**

103 KALORIEN PRO PORTION

ERGIBT **8 Portionen**
VORBEREITUNG **15 Minuten**
GARZEIT **64 Minuten**
RUHEZEIT **5 Minuten**
TEMPERATUR **180 °C**

Durch den Blumenkohl und eine überschaubare Menge Käse werden diese Ofenkartoffeln deutlich gesünder als in der Kneipe. Die ganze Familie wird sie lieben!

Überbackene Ofenkartoffeln mit Blumenkohl

4 mittelgroße, mehlig-kochende Kartoffeln, gewaschen

2 EL Olivenöl

½ TL grobes Salz

½ TL frisch gemahlener schwarzer Pfeffer

180 g Blumenkohl-röschen, fein gehackt

60 g würziger Cheddar, gerieben

2 EL Schnittlauchröllchen (zum Garnieren)

1. Den Airfryer auf 180 °C vorheizen.

2. Den Korbeinsatz des Airfryers mit Backspray einsprühen, dann 2 Kartoffeln hineingeben und 20 Minuten garen, bis sie weich sind. Dann aus dem Airfryer nehmen und die restlichen Kartoffeln ebenso zubereiten.

3. Die Kartoffeln so lange abkühlen lassen, bis man sie anfassen kann. Dann der Länge nach halbieren und etwa zwei Drittel des Inneren mit einem Löffel herauslösen (anderweitig verwenden, z. B. für die Kroketten auf S. 118).

4. Die Kartoffelhälften auf der Innenseite mit Olivenöl bepinseln und mit Salz und Pfeffer würzen.

5. Jede Kartoffelhälfte mit 2 TL Blumenkohl und 1 TL Cheddar füllen.

6. Vier Kartoffelhälften in den Korbeinsatz des Airfryers geben und 12 Minuten garen. Die Kartoffeln aus dem Airfryer nehmen und die restlichen Kartoffelhälften ebenso zubereiten.

7. Die Ofenkartoffeln auf einem Servierteller anrichten und mit den Schnittlauchröllchen bestreuen. Vor dem Servieren 5 Minuten abkühlen lassen.

Im Restaurant enthält eine Portion Ofen-kartoffeln mehr als doppelt so viele Kalorien!

NÄHRWERTE PRO PORTION

Fett gesamt **5 g**	Cholesterin **5 mg**	Kohlenhydrate **12 g**	Zucker **1 g**
ges. Fettsäuren **2 g**	Natrium **111 mg**	Ballaststoffe **3 g**	Protein **3 g**

67 KALORIEN PRO PORTION

ERGIBT **2 Portionen**
VORBEREITUNG **10 Minuten**
GARZEIT **10 Minuten**
TEMPERATUR **200 °C**

Frittierte Gewürzgurken sind eine Spezialität aus dem Süden der USA. Hier kommen sie in einer leichten Panade und mit einem pikanten Kick daher.

Knusprig-scharfe Gurkenchips

30 g Mehl

80 g Panko-Mehl

1 Ei (Größe L), verquirlt

2 TL Cajun-Gewürzmischung

2 große Dillgurken, in je 8 Scheiben geschnitten

1. Den Airfryer auf 200 °C vorheizen.

2. Mehl, Panko-Mehl und Ei in drei flache Schalen geben. Das Cajun-Gewürz unter das Mehl mischen.

3. Die Gurkenscheiben einzeln erst in der Mehlmischung wenden, dann im Ei und schließlich im Paniermehl. Überschüssige Brösel vorsichtig abschütteln und die panierten Gurkenscheiben auf einen Teller legen.

4. Den Korbeinsatz des Airfryers mit Backspray einsprühen, dann acht panierte Gurkenscheiben hineingeben und 5 Minuten backen, bis sie goldbraun und knusprig sind. Die Gewürzgurkenchips aus dem Airfryer nehmen und die restlichen Gurken ebenso zubereiten.

5. Die Gurkenchips kurz auf einem Kuchengitter abkühlen lassen und servieren.

Eine Portion fettgebackener Gurkenchips enthält 250 Kalorien und 12 Gramm Fett!

NÄHRWERTE PRO PORTION

Fett gesamt **1 g**	Cholesterin **47 mg**	Kohlenhydrate **11 g**	Zucker **1 g**
ges. Fettsäuren **0 g**	Natrium **598 mg**	Ballaststoffe **1 g**	Protein **3 g**

Diese pikanten Häppchen eigenen sich perfekt als Fingerfood für Ihre nächste Party oder als Beilage zu einer Mahlzeit, auf einem Salat oder in einem Wrap.

63 KALORIEN PRO PORTION

ERGIBT **4 Portionen**
VORBEREITUNG **10 Minuten**
GARZEIT **10–12 Minuten**
TEMPERATUR **200°C**

Mini-Hähnchennuggets

230 g Hähnchenkeulen (ohne Haut und Knochen), in 30 Stücke geschnitten

1 Prise grobes Salz

2 EL Chilisauce

1. Den Airfryer auf 200°C vorheizen.

2. Den Korbeinsatz des Airfryers mit Backspray einsprühen. Die Hähnchenteile mit dem Salz bestreuen, in den Korbeinsatz geben und im Airfryer 10–12 Minuten backen, bis sie knusprig sind.

3. Die Chilisauce in eine große Schüssel geben.

4. Die Mini-Hähnchennuggets aus dem Airfryer nehmen, in die Schüssel mit der Sauce geben und beides gut miteinander vermengen. Warm servieren.

NÄHRWERTE PRO PORTION

Fett gesamt **4,5 g**	Cholesterin **28 mg**	Kohlenhydrate **28 g**	Zucker **0 g**
ges. Fettsäuren **1 g**	Natrium **80 mg**	Ballaststoffe **0 g**	Protein **4,5 g**

Bereiten Sie doch eine Riesenportion dieser Chicken Wings für Ihr nächstes Grillfest vor. Chilisauce und Honig verleihen ihnen einen scharf-süßen Kick.

Chicken Wings mit Chili & Honig

167 KALORIEN PRO PORTION

ERGIBT	**4 Portionen**
VORBEREITUNG	**5 Minuten**
GARZEIT	**30 Minuten**
RUHEZEIT	**10 Minuten**
TEMPERATUR	**180 °C**

1 EL Sriracha-Chilisauce

1 EL Honig

1 Knoblauchzehe, gehackt

½ TL grobes Salz

16 Hähnchenflügel

1. Den Airfryer auf 180 °C vorheizen.

2. Sriracha-Chilisauce, Honig, Knoblauch und Salz in einer großen Schüssel miteinander verrühren. Die Hähnchenteile hinzugeben und sorgfältig mit der Marinade vermengen.

3. Den Korbeinsatz des Airfryers mit Backspray einsprühen, 8 Hähnchenflügel hineingeben und 15 Minuten garen, nach der Hälfte der Zeit wenden. Die Hähnchenflügel aus dem Airfryer nehmen und die restlichen Hähnchenflügel ebenso zubereiten.

4. Chicken Wings 10 Minuten auf einem Kuchengitter abkühlen lassen und servieren.

Diese Chicken Wings haben über 400 Kalorien weniger als frittierte!

NÄHRWERTE PRO PORTION

Fett gesamt **4 g**	Cholesterin **66 mg**	Kohlenhydrate **5 g**	Zucker **5 g**
ges. Fettsäuren **1 g**	Natrium **309 mg**	Ballaststoffe **0 g**	Protein **26 g**

96 KALORIEN
PRO PORTION

ERGIBT **4 Portionen**
VORBEREITUNG **10 Minuten**
GARZEIT **10 Minuten**
RUHEZEIT **5–10 Minuten**
TEMPERATUR **180 °C**

Pikante Jalapeño-Chilis mit einer cremigen Käsefüllung sind perfekt für alle, die es scharf mögen! Im Airfryer sind sie in Nullkommanichts fertig!

Gefüllte Jalapeño-Chilis

8 Jalapeño-Chilis

30 g Cheddar, gerieben

115 g cremiger Frischkäse

1. Die Stielenden der Chilis mit einem Gemüsemesser abschneiden und Trennwände sowie Kerne aus den Schoten schaben.

2. Cheddar und Frischkäse in einer großen Schüssel vermengen. Die Käsemischung in einen Gefrierbeutel füllen und mit einer Schere eine Ecke des Beutels abschneiden, sodass ein Spritzbeutel entsteht. Vorsichtig etwas Käsecreme in jede Chili füllen, bis sie fast ganz voll ist.

3. Den Airfryer auf 180 °C vorheizen.

4. Den Korbeinsatz des Airfryers mit Backpapier auslegen. (Das Backpapier wird sich im Luftstrom des Airfryers bewegen, aber das beeinträchtigt den Garvorgang nicht.) Die gefüllten Chilis gleichmäßig darauf verteilen und 10 Minuten backen.

5. Die Chilis vor dem Servieren 5–10 Minuten im Airfryer abkühlen lassen.

Mit Hüttenkäse statt normalem Frischkäse kann man noch rund die Hälte an Kalorien einsparen.

NÄHRWERTE PRO PORTION

Fett gesamt **8 g**	Cholesterin **26 mg**	Kohlenhydrate **3 g**	Zucker **2 g**
ges. Fettsäuren **5 g**	Natrium **141 mg**	Ballaststoffe **1 g**	Protein **3 g**

So haben Sie Hähnchennuggets noch nie gegessen! Mit ihrer süß-pikanten Glasur macht diese Hähnchen-Variante geradezu süchtig!

Barbecue-Hähnchennuggets

364 KALORIEN PRO PORTION

ERGIBT **3 Portionen**
VORBEREITUNG **5 Minuten**
GARZEIT **6–8 Minuten**
TEMPERATUR **150 °C**

65 ml Barbecuesauce

1 TL Balsamico-Essig

1 Rezept Hähnchen-nuggets (s. S. 62)

1. Den Airfryer auf 150 °C vorheizen.

2. Die Barbecuesauce in einer kleinen Schüssel mit dem Balsamico-Essig verrühren und die schon gebackenen Hähnchennuggets dünn mit der Sauce bepinseln.

3. Den Korbeinsatz des Airfryers mit Backspray einsprühen, 3-4 Hähnchennuggets hineingeben und erneut 2 Minuten backen. Die Hähnchennuggets aus dem Airfryer nehmen und die restlichen Hähnchennuggets ebenso zubereiten.

4. Hähnchennuggets auf einem Servierteller anrichten. Warm servieren.

Im Fast-Food-Lokal schlagen Hähnchen-nuggets mit mehr als 600 Kalorien zu Buche!

NÄHRWERTE PRO PORTION

Fett gesamt **11 g**	Cholesterin **176 mg**	Kohlenhydrate **19 g**	Zucker **2 g**
ges. Fettsäuren **2 g**	Natrium **325 mg**	Ballaststoffe **1 g**	Protein **43 g**

97 KALORIEN
PRO PORTION

ERGIBT **4 Portionen**
VORBEREITUNG **10 Minuten**
GARZEIT **20 Minuten**
RUHEZEIT **5 Minuten**
TEMPERATUR **200 °C**

Diese pikanten Kroketten sind der perfekte Snack für die Zucchinisaison: Schnell gemacht und heißgeliebt von Groß und Klein!

Zucchini-kroketten

- 1 große Zucchini, geraspelt
- 1 mittelgroße Ofen-kartoffel, gepellt und zerstampft
- 30 g Cheddar, gerieben
- 1 Ei (Größe L), verquirlt
- ½ TL grobes Salz

1. Den Airfryer auf 200 °C vorheizen.

2. Die Zucchiniraspel auf ein Stück Küchenpapier geben und überschüssige Flüssigkeit ausdrücken, dann die Zucchini mit Kartoffelstampf, geriebenem Cheddar, Ei und Salz in einer großen Schüssel vermengen.

3. Das Backblech des Airfryers mit Backspray einsprühen. Die Zucchinimasse mithilfe zweier Esslöffel zu Nocken formen. Die Hälfte der Zucchinikroketten auf das Backblech geben und 10 Minuten backen, dann aus dem Airfryer nehmen. Die restlichen Kroketten ebenso zubereiten.

4. Die Zucchinikroketten auf einem Kuchengitter 5 Minuten abkühlen lassen und servieren.

97 Kalorien – fast 200 weniger als bei frittierten Kartoffelkroketten!

NÄHRWERTE PRO PORTION

| Fett gesamt **4 g** | Cholesterin **54 mg** | Kohlenhydrate **10 g** | Zucker **2 g** |
| ges. Fettsäuren **2 g** | Natrium **215 mg** | Ballaststoffe **2 g** | Protein **5 g** |

165 KALORIEN PRO PORTION

ERGIBT **4 Portionen**
VORBEREITUNG **15 Minuten**
GARZEIT **12 Minuten**
TEMPERATUR **200 °C**

Mundgerechte Würstchenhappen, umgeben von einem dicken Maisteigmantel, lassen alle Kinder – und auch Erwachsene – schwach werden.

Würstchen im Schlafrock

65 g Mehl

80 g Maismehl

½ TL Backpulver

1 Prise grobes Salz

2 EL Margarine, zerlassen

6 EL Milch (1,5 % Fett)

2 TL Honig

1 Frankfurter Würstchen, in 8 Stücke geschnitten

1. Den Airfryer auf 200 °C vorheizen.

2. Mehl, Maismehl, Backpulver und Salz in einer großen Schüssel miteinander vermischen, dann Margarine, Milch und Honig unterrühren, bis ein weicher Teig entsteht.

3. Den Teig in acht Portionen teilen, jeweils 1 Würstchenstück hineindrücken und darauf achten, dass es vollständig von dem Maismehlteig ummantelt ist.

4. Den Korbeinsatz des Airfryers mit Backspray einsprühen, vier Würstchen im Schlafrock hineingeben und 6 Minuten backen, bis sie goldbraun sind, dann aus dem Airfryer nehmen. Die restlichen Würstchenstücke ebenso zubereiten.

5. Die Würstchen im Schlafrock kurz auf einem Kuchengitter abkühlen lassen. Warm servieren.

Mit Blätterteig enthalten Würstchen im Schlafrock deutlich mehr Fett pro Portion.

NÄHRWERTE PRO PORTION

| Fett gesamt **5 g** | Cholesterin **5 mg** | Kohlenhydrate **26 g** | Zucker **4 g** |
| ges. Fettsäuren **2 g** | Natrium **276 mg** | Ballaststoffe **2 g** | Protein **5 g** |

Sie würden gerne mehr Blattgemüse essen, haben aber keine Idee, wie Sie es zubereiten sollen? Hier ein würziger Grünkohl-Snack.

Rauchige Grünkohlchips

62 KALORIEN PRO PORTION

ERGIBT **4 Portionen**
VORBEREITUNG **5 Minuten**
GARZEIT **8–12 Minuten**
RUHEZEIT **3–5 Minuten**
TEMPERATUR **200 °C**

500 g Grünkohl, dicke Stiele entfernt und gehackt

2 TL Rapsöl

1 Prise Räucherpaprikapulver

1 Prise grobes Salz

1. Den Airfryer auf 200 °C vorheizen.

2. Grünkohlblätter und -stiele, Rapsöl, Räucherpaprikapulver und Salz in einer großen Schüssel miteinander vermengen.

3. Den Korbeinsatz des Airfryers mit Backspray einsprühen, die Hälfte des Grünkohls hineingeben und 2–3 Minuten garen.

4. Den Airfryer anhalten, den Grünkohl vorsichtig im Korbeinsatz schwenken und weitere 2–3 Minuten garen, bis er knusprig ist. Die Grünkohlchips aus dem Airfryer nehmen. Den restlichen Grünkohl ebenso zubereiten.

5. Die Grünkohlchips 3–5 Minuten auf einem Kuchengitter abkühlen lassen und servieren.

Eine Portion herkömmlicher Kartoffelchips hat über 150 Kalorien und 10 Gramm Fett!

NÄHRWERTE PRO PORTION

Fett gesamt **3 g**	Cholesterin **0 mg**	Kohlenhydrate **9 g**	Zucker **2 g**
ges. Fettsäuren **0 g**	Natrium **184 mg**	Ballaststoffe **2 g**	Protein **3 g**

Cashewkerne enthalten zwar viel Fett, aber von der gesunden Sorte, deswegen können Sie sie guten Gewissens genießen.

Rosmarin-cashews

203 KALORIEN PRO PORTION

ERGIBT **4 Portionen**
VORBEREITUNG **5 Minuten**
GARZEIT **3 Minuten**
RUHEZEIT **15 Minuten**
TEMPERATUR **150 °C**

2 Zweige Rosmarin
(1 ganz, 1 gehackt)

1 TL Olivenöl

1 TL grobes Salz

½ TL Honig

300 g Cashewkerne,
geröstet und
ungesalzen

1. Den Airfryer auf 150 °C vorheizen.

2. Den gehackten Rosmarin in einer Schüssel mit Olivenöl, Salz und Honig vermengen. Beiseitestellen.

3. Den Korbeinsatz des Airfryers mit Backspray einsprühen, die Cashewkerne und den ganzen Rosmarinzweig hineingeben und 3 Minuten rösten.

4. Cashewkerne aus dem Airfryer nehmen und den Rosmarinzweig entsorgen. Die Cashews in die Schüssel mit der Olivenölmischung geben und alles gründlich miteinander vermengen. Vor dem Servieren 15 Minuten abkühlen lassen.

NÄHRWERTE PRO PORTION

| Fett gesamt **16 g** | Cholesterin **0 mg** | Kohlenhydrate **11 g** | Zucker **2 g** |
| ges. Fettsäuren **3 g** | Natrium **146 mg** | Ballaststoffe **1 g** | Protein **5 g** |

ERGIBT **4 Portionen**
VORBEREITUNG **10 Minuten**
GARZEIT **10 Minuten**
RUHEZEIT **10 Minuten**
TEMPERATUR **180 °C**

Mit seinen gesunden Zutaten ist dieser leichte Dip ein Genuss, dem Ihre Gäste sicher nicht widerstehen können.

Artischocken-Spinat-Dip

1 Dose (etwa 400 g) Artischockenherzen in Lake, abgetropft und gehackt

280 g Blattspinat (TK), aufgetaut und abgetropft

1 TL Knoblauchpulver

2 EL Mayonnaise

60 g griechischer Joghurt (0,2 % Fett)

30 g Mozzarella (8,5 % Fett), geraspelt

20 g Parmesan, gerieben

1 Prise frisch gemahlener schwarzer Pfeffer

1. Den Airfryer auf 180 °C vorheizen.

2. Artischockenherzen und Spinat in je ein Stück Küchenpapier geben und überschüssige Flüssigkeit ausdrücken, dann in eine große Schüssel geben.

3. Knoblauchpulver, Mayonnaise, griechischen Joghurt, Mozzarella und Parmesan hinzufügen und alle Zutaten gut miteinander vermengen.

4. Das Backblech des Airfryers mit Backspray einsprühen, die Dipmischung hineingeben und 10 Minuten garen.

5. Den Dip aus dem Airfryer nehmen und mit dem Backblech auf einem Kuchengitter 10 Minuten abkühlen lassen.

6. Den Dip mit 1 Prise schwarzem Pfeffer würzen und servieren.

Im Restaurant hat so ein Dip über 1200 Kalorien und deckt Ihren Tagesbedarf an Salz!

NÄHRWERTE PRO PORTION

Fett gesamt **8 g**	Cholesterin **12 mg**	Kohlenhydrate **6 g**	Zucker **1 g**
ges. Fettsäuren **2 g**	Natrium **270 mg**	Ballaststoffe **5 g**	Protein **8 g**

Selbst gemachte Chips schmecken so viel besser als gekaufte – und sind obendrein gesünder! Mit einem Gemüsehobel werden sie schön dünn und knusprig.

74 KALORIEN
PRO PORTION

ERGIBT **2 Portionen**
VORBEREITUNG **10 Minuten**
GARZEIT **8 Minuten**
RUHEZEIT **2-3 Minuten**
TEMPERATUR **180°C**

Gemüsechips mit Kräutersalz

1 Pastinake

1 kleine Rote Bete

1 kleine Steckrübe

½ kleine Süßkartoffel

1 TL Olivenöl

Für das Kräutersalz

2 TL fein gehackte Petersilie

1 Prise grobes Salz

1. Den Airfryer auf 180°C vorheizen.

2. Pastinake, Rote Bete, Steckrübe und Süßkartoffel schälen und in dünne Scheiben hobeln. Das Gemüse in eine große Schüssel geben und mit dem Olivenöl gründlich vermengen.

3. Den Korbeinsatz des Airfryers mit Backspray einsprühen, das Gemüse hineingeben und 8 Minuten garen. Nach der Hälfte der Zeit den Airfryer anhalten und das Gemüse vorsichtig im Korbeinsatz schwenken.

4. In der Zwischenzeit für das Kräutersalz Petersilie und Salz in einer kleinen Schüssel miteinander vermischen.

5. Die Gemüsechips aus dem Airfryer nehmen, auf einem Servierteller anrichten und mit dem Kräutersalz würzen. Vor dem Servieren 2-3 Minuten abkühlen lassen – so werden sie noch knuspriger.

NÄHRWERTE PRO PORTION

Fett gesamt **2g**	Cholesterin **0mg**	Kohlenhydrate **15g**	Zucker **5g**
ges. Fettsäuren **0g**	Natrium **225mg**	Ballaststoffe **4g**	Protein **1g**

83 KALORIEN
PRO PORTION

ERGIBT **6 Portionen**
VORBEREITUNG **10 Minuten**
GARZEIT **10–14 Minuten**
RUHEZEIT **5 Minuten**
TEMPERATUR **180 °C**

Diese pikanten Datteln liebt jeder – erst recht, wenn Mandeln und Weintrauben sie zu einer kleinen Snack-Auswahl ergänzen.

Datteln im Speckmantel

6 Scheiben Schinken-
speck, halbiert

12 Datteln, entsteint

1. Den Airfryer auf 180 °C vorheizen.

2. Jede Dattel mit ½ Scheibe Schinkenspeck umwickeln und den Speck mit einem Zahnstocher feststecken.

3. Den Korbeinsatz des Airfryers mit Backspray ein-sprühen, sechs Datteln im Speckmantel hineingeben und 5-7 Minuten rösten, bis der Schinkenspeck knus-prig ist. Die Datteln aus dem Airfyrer nehmen und die restlichen Datteln ebenso zubereiten.

4. Die Datteln im Speckmantel 5 Minuten auf einem Kuchengitter abkühlen lassen und servieren.

NÄHRWERTE PRO PORTION

Fett gesamt **3 g**	Cholesterin **9 mg**	Kohlenhydrate **11 g**	Zucker **9 g**
ges. Fettsäuren **1 g**	Natrium **83 mg**	Ballaststoffe **1 g**	Protein **3 g**

129 KALORIEN
PRO PORTION

ERGIBT **4 Portionen**
VORBEREITUNG **15 Minuten**
GARZEIT **5–6 Minuten**
RUHEZEIT **15 Minuten**
TEMPERATUR **180°C**

Käsefans lieben gebackenen Mozzarella. Verwendet man fettarmen Käse, werden diese Sticks genauso knusprig-lecker, sind aber deutlich kalorienärmer.

Mozzarella-Sticks

50 g Panko-Mehl

1 Prise grobes Salz

1 Prise frisch gemahlener schwarzer Pfeffer

30 g Mehl

1 Ei (Größe L), verquirlt

2 Kugeln Mozzarella (8,5 % Fett, à 125 g)

250 g Marinarasauce (s. S. 98)

1. Den Airfryer auf 180 °C vorheizen.

2. Das Panko-Mehl in einer kleinen Schüssel mit Salz und Pfeffer vermischen. Mehl, Ei und Pankomischung in drei flache Schalen geben.

3. Mozzarella in acht längliche Stücke schneiden. Die Stücke jeweils erst im Mehl, dann im Ei und schließlich im Paniermehl wenden. Die panierten Mozzarella-Sticks auf einen Teller legen und für 10 Minuten ins Gefrierfach stellen.

4. Den Korbeinsatz des Airfryers mit Backpapier auslegen. Die Mozzarella-Sticks in den Korb geben und 5-6 Minuten backen, bis die Sticks goldbraun sind.

5. Die Mozzarella-Sticks aus dem Airfryer nehmen und vor dem Servieren 5 Minuten auf einem Kuchengitter abkühlen lassen. Die Marinarasauce zum Dippen extra dazu reichen.

In einem Fast-Food-Lokal enthält diese Vorspeise meist mehr als 700 Kalorien!

NÄHRWERTE PRO PORTION

Fett gesamt **6 g**	Cholesterin **34 mg**	Kohlenhydrate **9 g**	Zucker **6 g**
ges. Fettsäuren **3 g**	Natrium **337 mg**	Ballaststoffe **1 g**	Protein **9 g**

Mit dieser knackigen Knabbermischung kommt jede Party in Schwung. Sie steckt randvoll mit herzgesunden Fettsäuren und hat genau die richtige Schärfe.

Scharfer Nuss-Mix

156 KALORIEN PRO PORTION

ERGIBT **3 Portionen**
VORBEREITUNG **10 Minuten**
GARZEIT **2 Minuten**
RUHEZEIT **5 Minuten**
TEMPERATUR **180 °C**

1 EL Margarine, zerlassen

2 TL Honig

1 Msp. Cayennepfeffer

2 TL Sesamsamen

1 Prise grobes Salz

1 Prise frisch gemahlener schwarzer Pfeffer

150 g Cashewkerne

140 g Mandeln

50 g Minisalzbrezeln

50 g Reis Krispies

1. Den Airfryer auf 180 °C vorheizen.

2. Margarine, Honig, Cayennepfeffer, Sesamsamen, Salz und Pfeffer in einer großen Schüssel miteinander vermengen, dann Cashewkerne, Mandeln, Minisalzbrezeln und Reis Krispies hinzufügen und alle Zutaten gut miteinander vermischen.

3. Das Backblech des Airfryers mit Backspray einsprühen, die Nussmischung gleichmäßig darauf verteilen und 2 Minuten rösten.

4. Die Nussmischung aus dem Airfryer nehmen und vor dem Servieren mit dem Backblech auf einem Kuchengitter 5 Minuten abkühlen lassen.

Tipp:
Luftdicht verschlossen ist der Nuss-Mix bis zu 3 Tage haltbar.

NÄHRWERTE PRO PORTION

Fett gesamt **12 g**	Cholesterin **0 mg**	Kohlenhydrate **9 g**	Zucker **2 g**
ges. Fettsäuren **2 g**	Natrium **81 mg**	Ballaststoffe **2 g**	Protein **5 g**

Wenn Sie dieses köstliche Fingerfood servieren, werden Ihre Gäste hingerissen sein. Verwenden Sie am besten dünnen Spargel und hauchdünnen Schinken.

85 **KALORIEN** PRO PORTION

Spargel mit Knusperschinken

ERGIBT **6 Portionen**
VORBEREITUNG **15 Minuten**
GARZEIT **16–24 Minuten**
RUHEZEIT **5 Minuten**
TEMPERATUR **180°C**

12 Stangen grüner Spargel, holzige Enden entfernt

24 Scheiben roher Schinken (dünn aufgeschnitten)

1. Den Airfryer auf 180°C vorheizen.

2. Jede Spargelstange mit 2 Scheiben rohem Schinken umwickeln.

3. Den Korbeinsatz des Airfryers mit Backspray einsprühen, 2-3 Spargelstangen hineingeben und 4 Minuten garen. Die Spargelstangen aus dem Airfryer nehmen und die restlichen Spargelstangen ebenso zubereiten.

4. Den Spargel vor dem Servieren 5 Minuten auf einem Kuchengitter abkühlen lassen.

NÄHRWERTE PRO PORTION

Fett gesamt **4 g**	Cholesterin **20 mg**	Kohlenhydrate **2 g**	Zucker **1 g**
ges. Fettsäuren **1 g**	Natrium **692 mg**	Ballaststoffe **1 g**	Protein **11 g**

109 KALORIEN PRO PORTION

ERGIBT **4 Portionen**
VORBEREITUNG **10 Minuten**
GARZEIT **10 Minuten**
RUHEZEIT **10 Minuten**
TEMPERATUR **180 °C**

Was wie eine ausgefallene Vorspeise wirken mag, ist mit ein paar einfachen Zutaten aus dem Vorrat blitzschnell zubereitet. Ein absoluter Lieblingssnack!

Gefüllte Champignons

1 EL Olivenöl

2 EL geriebener Parmesan

1 EL gehackte Petersilie

40 g Panko-Mehl

1 Prise frisch gemahlener schwarzen Pfeffer

8 braune Champignons, Stiele entfernt

1. Den Airfryer auf 180 °C vorheizen.

2. Olivenöl, Parmesan, Petersilie, Panko-Mehl und schwarzen Pfeffer in einer großen Schüssel miteinander vermischen.

3. Das Backblech des Airfryers mit Backspray einsprühen. Die Füllung mithilfe eines Teelöffels in die Champignonköpfe geben. Die Pilze auf das Backblech setzen und 10 Minuten garen, bis sie weich sind.

4. Die gefüllten Champignons aus dem Airfryer nehmen und mit dem Backblech 10 Minuten auf einem Kuchengitter abkühlen lassen. Warm servieren.

Diese Vorspeise schlägt im Restaurant mit etwa 400 Kalorien zu Buche!

NÄHRWERTE PRO PORTION

Fett gesamt **7 g**	Cholesterin **6 mg**	Kohlenhydrate **8 g**	Zucker **1 g**
ges. Fettsäuren **2 g**	Natrium **110 mg**	Ballaststoffe **1 g**	Protein **5 g**

Die weiche, kräuterige Krume verleiht diesem Brot Suchtpotenzial. Reichen Sie es als Beilage zu einem leckeren Salat oder als Snack.

Zupfbrot mit Parmesan

157 KALORIEN PRO PORTION

ERGIBT **4 Portionen**
VORBEREITUNG **20 Minuten**
GARZEIT **10 Minuten**
RUHEZEIT **10 Minuten**
TEMPERATUR **180 °C**

170 g Pizzateig (s. S. 52)

1 EL Margarine, zerlassen

1 TL getrockneter Thymian

3 EL geriebener Parmesan

1. Den Airfryer auf 180 °C vorheizen.

2. Den Pizzateig ausrollen und in etwa 2 cm große Stücke schneiden.

3. Margarine, Thymian und Parmesan in einer Schüssel miteinander vermengen, dann jedes der Teigstücke darin wenden.

4. Das Backblech des Airfryers mit Backspray einsprühen, die Teigstücke hineingeben und 10 Minuten backen.

5. Das Brot aus dem Airfryer nehmen und vor dem Servieren 10 Minuten auf einem Kuchengitter abkühlen lassen.

Dieses Zupfbrot hat etwa 150 Kalorien weniger als herkömmliches Knoblauchbrot.

NÄHRWERTE PRO PORTION

Fett gesamt **4 g**	Cholesterin **3 mg**	Kohlenhydrate **25 g**	Zucker **1 g**
ges. Fettsäuren **1 g**	Natrium **235 mg**	Ballaststoffe **1 g**	Protein **5 g**

SÜSSES & DESSERTS

Ob Ihnen nach Kuchen, Scheiterhaufen oder gar Donuts (ja, Donuts!) ist: Auch Süßes aus dem Airfryer hat weniger Fett und gelingt leichter und schneller als im Ofen.

244 KALORIEN PRO PORTION

ERGIBT **4 Portionen**
VORBEREITUNG **20 Minuten**
GARZEIT **15 Minuten**
RUHEZEIT **10 Minuten**
TEMPERATUR **150 °C**

Shortcake mit Erdbeeren ist das köstlichste Dessert aller Zeiten! Und mit dem Airfryer ist diese sommerliche Leckerei ganz schnell gemacht.

Shortcake mit Erdbeeren

290 g Erdbeeren, geputzt und in Scheiben geschnitten

2 EL Zucker

130 g Mehl

1 TL Backpulver

1 Msp. Natron

1 Prise grobes Salz

3 EL kalte Butter, gewürfelt

120 g Buttermilch

2 EL geschlagene Sahne (zum Garnieren)

1. Den Airfryer auf 150 °C vorheizen.

2. Die Erdbeeren in einer Schüssel mit 2 TL Zucker vermengen. Beiseitestellen.

3. In einer zweiten Schüssel den restlichen Zucker (1 EL), Mehl, Backpulver, Natron und Salz miteinander vermischen. Die Butter hinzugeben und von Hand oder mit dem Handrührgerät verkneten, bis die Butter sich mit der Mehlmischung verbunden hat.

4. Die Buttermilch nach und nach hinzugießen und alles zu einem klebrigen Teig kneten.

5. Das Backblech des Airfryers mit Backspray einsprühen. Den Teig mit den Händen gleichmäßig darauf verteilen und 15 Minuten backen, bis die Oberfläche goldbraun und knusprig ist.

6. Den Kuchen aus dem Airfryer nehmen und 10 Minuten auf einem Kuchengitter abkühlen lassen. Vor dem Servieren mit den Erdbeeren und 2 EL Schlagsahne anrichten und in vier gleich große Stücke schneiden.

Diese Short-cakes enthalten über 100 Kalorien weniger als herkömmlich gebackene.

NÄHRWERTE PRO PORTION

Fett gesamt **12 g**	Cholesterin **34 mg**	Kohlenhydrate **31 g**	Zucker **7 g**
ges. Fettsäuren **7 g**	Natrium **371 mg**	Ballaststoffe **2 g**	Protein **5 g**

171 KALORIEN PRO PORTION

ERGIBT **4 Portionen**
VORBEREITUNG **10 Minuten**
GARZEIT **20 Minuten**
RUHEZEIT **10 Minuten**
TEMPERATUR **135 °C**

Dieses Rezept lebt von einfachen, aber effektvollen Zutaten, mit denen Geschmack und Genuss nicht zu kurz kommen, Kalorien aber schon.

Scheiterhaufen mit Ahornsirup

3 Scheiben Vollkorntoast (vorzugsweise altbacken), gewürfelt

1 Ei (Größe L)

200 ml Milch

1 EL Whiskey

½ Päckchen Vanillezucker

4 EL Ahornsirup

½ TL gemahlener Zimt

2 TL bunter Dekorzucker

1. Den Airfryer auf 135 °C vorheizen.

2. Das Backblech des Airfryers mit Backspray einsprühen und die Toastwürfel gleichmäßig darin verteilen.

3. Ei, Milch, Whiskey, Vanillezucker, 3 EL Ahornsirup und den Zimt in einer Schüssel miteinander vermengen. Die Eimischung über die Brotwürfel gießen und mit einem Teigschaber gleichmäßig verteilen, sodass alle Brotwürfel ganz damit bedeckt sind. Den bunten Dekorzucker darüber streuen und den Scheiterhaufen 20 Minuten backen.

4. Den Scheiterhaufen aus dem Airfryer nehmen und mit dem Backblech 10 Minuten auf einem Kuchengitter abkühlen lassen. Mit dem restlichen Ahornsirup (1 EL) beträufeln, in vier gleich große Stücke schneiden und warm servieren.

Dieser Klassiker unter den Desserts enthält normalerweise bis zu 500 Kalorien pro Portion!

NÄHRWERTE PRO PORTION

Fett gesamt **4 g**	Cholesterin **47 mg**	Kohlenhydrate **25 g**	Zucker **16 g**
ges. Fettsäuren **2 g**	Natrium **154 mg**	Ballaststoffe **2 g**	Protein **6 g**

Dieses Rezept ist ein Muss für alle, die es gern schokoladig mögen! Apfelmark spart Fett, und Meersalz unterstreicht das Schokoladenaroma.

182 KALORIEN PRO PORTION

ERGIBT **8 Portionen**
VORBEREITUNG **10 Minuten**
GARZEIT **15 Minuten**
RUHEZEIT **20 Minuten**
TEMPERATUR **150 °C**

Brownies mit Meersalz

20 g Kakaopulver (ungesüßt)

30 g Mehl

1 Prise grobes Salz

½ TL Backpulver

3 EL Butter, zerlassen

100 g Zucker

1 Ei (Größe L)

3 EL Apfelmark

40 g Schokotröpfchen (zartbitter)

grobes Meersalz

1. Den Airfryer auf 150 °C vorheizen.

2. Kakaopulver, Mehl, Salz und Backpulver in einer großen Schüssel miteinander vermengen.

3. In einer zweiten Schüssel Butter, Zucker, Ei und Apfelmark miteinander vermischen, dann zuerst die Kakaomischung, danach die Schokotröpfchen vorsichtig mit einem Teigschaber unterheben, bis sich alle Zutaten gut verbunden haben.

4. Das Backblech des Airfryers mit Backspray einsprühen, den Teig gleichmäßig darauf verteilen und 15 Minuten backen. Bleibt an einem in der Mitte hineingesteckten Holzstäbchen kein Teig mehr haften, sind die Brownies fertig.

5. Die Brownies aus dem Airfryer nehmen, mit dem groben Meersalz bestreuen und mit dem Backblech 20 Minuten auf einem Kuchengitter abkühlen lassen. In acht gleich große Stücke schneiden und servieren.

Mit dieser leichten Brownie-Variante sparen Sie 100 Kalorien pro Stück.

NÄHRWERTE PRO PORTION

Fett gesamt **5 g**	Cholesterin **35 mg**	Kohlenhydrate **19 g**	Zucker **14 g**
ges. Fettsäuren **3 g**	Natrium **80 mg**	Ballaststoffe **1 g**	Protein **2 g**

131 KALORIEN PRO PORTION

ERGIBT **12 Portionen**
VORBEREITUNG **20 Minuten**
GARZEIT **16 Minuten**
RUHEZEIT **85 Minuten**
TEMPERATUR **180°C**

Mit selbst gebackenen Donuts können Sie sich süße Teilchen vom Bäcker sparen! Bereiten Sie den Teig einfach am Vorabend zu.

Glasierte Donuts mit bunten Streuseln

1 TL Trockenhefe

3½ EL Zucker

260 g Mehl
(+ etwas zum Ausrollen)

½ TL Backpulver

1 Prise grobes Salz

1 EL Margarine, geschmolzen

100 ml Milch
(+ 1 EL für die Glasur)

85 g Puderzucker

bunte Zuckerstreusel
(zum Dekorieren)

Diese Donuts nicht in Fett auszubacken spart nahezu 200 Kalorien.

1. Die Trockenhefe in einer kleinen Schüssel mit 60 ml lauwarmem Wasser und 1 TL Zucker verrühren. Für 10 Minuten beiseitestellen, damit die Hefe aktiviert wird.

2. Mehl, Backpulver und Salz in der Rührschüssel der Küchenmaschine mit dem restlichen Zucker (3 EL) mischen. Hefe, Margarine und 100 ml Milch hinzugeben und mit dem Knethaken der Küchenmaschine vermengen, bis sich der Teig vom Schüsselrand zu lösen beginnt.

3. Die Rührschüssel mit einem sauberen Küchentuch abdecken und den Teig 30 Minuten gehen lassen, bis sich das Volumen ungefähr verdoppelt hat.

4. Den Teig auf einer leicht bemehlten Arbeitsfläche ausrollen, die Donuts mit zwei ringförmigen Ausstechformen (9 cm ø) ausstechen und noch mal 20 Minuten gehen lassen.

5. Den Airfryer auf 180°C vorheizen. Den Korbeinsatz des Airfryers mit Backspray einsprühen, drei Donuts hineingeben und 4 Minuten backen, aus dem Airfryer nehmen und die restlichen Donuts ebenso zubereiten.

6. In der Zwischenzeit für die Glasur den Puderzucker mit 1 EL Milch in einer kleinen Schüssel glatt rühren.

7. Die fertigen Donuts auf einem Kuchengitter 5 Minuten abkühlen lassen, dann mit der Glasur bepinseln und mit den Zuckerstreuseln bestreuen. Vor dem Servieren 20 Minuten auskühlen lassen.

NÄHRWERTE PRO PORTION

Fett gesamt **2 g**	Cholesterin **1 mg**	Kohlenhydrate **27 g**	Zucker **11 g**
ges. Fettsäuren **1 g**	Natrium **60 mg**	Ballaststoffe **0 g**	Protein **3 g**

115 KALORIEN
PRO PORTION

ERGIBT **10 Portionen**
VORBEREITUNG **25 Minuten**
GARZEIT **12–16 Minuten**
RUHEZEIT **55 Minuten**
TEMPERATUR **180 °C**

Diese Köstlichkeit schmeckt jedem Süßschnabel. Auch wenn Sie sich nicht glutenfrei ernähren müssen, werden sie dieser Nascherei nicht widerstehen können.

Glutenfreie Feuerspatzen

1 TL Trockenhefe

4 TL Zucker

260 g glutenfreie helle Backmischung

½ TL Backpulver

1 Prise grobes Salz

1 EL Margarine, zerlassen

100 ml Milch

40 g Schokotröpfchen (zartbitter)

1. In einer Schüssel die Trockenhefe und 1 TL Zucker mit 55 ml lauwarmen Wasser verrühren und 10 Minuten ruhen lassen, bis die Hefe aktiviert ist.

2. In einer Rührschüssel 3 TL Zucker, Backmischung, Backpulver und Salz miteinander vermischen. Hefelösung, Margarine und Milch hinzugießen und mit dem Knethaken der Küchenmaschine verkneten, bis sich der Teig vom Schüsselrand löst. Die Schüssel mit einem Küchentuch abdecken und den Teig 30 Minuten gehen lassen. Den Airfryer auf 180 °C vorheizen.

3. Den Teig zwischen zwei Lagen Backpapier etwa 2 cm dick ausrollen, anschließend mit einem kleinen, runden Ausstecher 30 kleine Teigkreise ausstechen.

4. Den Korbeinsatz des Airfryers mit Backspray einsprühen, acht bis zehn Teigstücke hineingeben und 4 Minuten backen, bis der Teig aufgegangen und goldbraun ist. Die Feuerspatzen aus dem Airfryer nehmen und die restlichen Teigstücke ebenso zubereiten. 10 Minuten auf einem Kuchengitter abkühlen lassen.

5. In der Zwischenzeit die Schokotröpfchen in eine mikrowellenfeste Schüssel geben und in der Mikrowelle in 1 Minute schmelzen lassen. Die Feuerspatzen einzeln in die geschmolzene Schokolade tauchen, zurück auf das Kuchengitter setzen und vor dem Servieren weitere 5 Minuten abkühlen lassen.

Sparen Sie mehr als 100 Kalorien im Vergleich zu fettgebackenen Feuerspatzen.

NÄHRWERTE PRO PORTION

Fett gesamt **1 g**	Cholesterin **1 mg**	Kohlenhydrate **5 g**	Zucker **5 g**
ges. Fettsäuren **0 g**	Natrium **65 mg**	Ballaststoffe **0 g**	Protein **2 g**

Zeppole, eine Art italienische Krapfen, sind traditionell eher schwer. Diese fettarme Airfryer-Variante mit einer leichteren Creme können Sie ohne Reue genießen.

99 KALORIEN
PRO PORTION

ERGIBT **8 Portionen**
VORBEREITUNG **10 Minuten**
GARZEIT **10 Minuten**
RUHEZEIT **10 Minuten**
TEMPERATUR **200 °C**

Zeppole mit Cannolicreme

Für die Zeppole

65 g Mehl

1 ¼ TL Backpulver

2 EL Zucker

1 Prise grobes Salz

125 g Ricotta

1 Ei (Größe L)

1 Msp. Vanillemark

1 TL Puderzucker

Für die Creme

65 g Ricotta

1 Msp. Vanillemark

2 EL griechischer Joghurt
(0,2 % Fett)

1 EL Schokotröpfchen
(zartbitter)

1. Den Airfryer auf 200 °C vorheizen.

2. Mehl, Backpulver, Zucker und Salz in einer Schüssel miteinander vermischen. Ricotta, Ei und Vanillemark unterrühren, bis ein dickflüssiger Teig entsteht.

3. Das Backblech des Airfryers mit Backspray einsprühen. 8 EL Teig einzeln auf das Backblech geben und 5 Minuten backen, bis die Zeppole aufgegangen und goldbraun sind. Die Zeppole aus dem Airfryer nehmen und aus dem restlichen Teig weitere acht Zeppole backen.

4. In der Zwischenzeit für die Creme Ricotta, Vanillemark, Joghurt und Schokotröpfchen in einer kleinen Schüssel miteinander verrühren. Beiseitestellen.

5. Die Zeppole auf einem Kuchengitter 10 Minuten abkühlen lassen. Mit Puderzucker bestäubt servieren und die Cannolicreme zum Dippen dazu reichen.

NÄHRWERTE PRO PORTION

Fett gesamt **2 g**	Cholesterin **35 mg**	Kohlenhydrate **11 g**	Zucker **5 g**
ges. Fettsäuren **2 g**	Natrium **107 mg**	Ballaststoffe **0 g**	Protein **5 g**

Zarter Filoteig macht diese Apfeltaschen zu einem leichten Dessert und eine Prise Lebkuchengewürz gibt der Apfelfüllung Pepp.

Apfeltaschen

119 KALORIEN PRO PORTION

ERGIBT **4 Portionen**
VORBEREITUNG **20 Minuten**
GARZEIT **10 Minuten**
RUHEZEIT **10 Minuten**
TEMPERATUR **165 °C**

1 säuerlicher, grüner Apfel (z. B. Granny Smith), geschält, geviertelt, entkernt und in dünne Scheiben geschnitten

½ TL Lebkuchengewürz

Saft von ½ Zitrone

1 EL Zucker

1 Prise grobes Salz

6 Blätter Filoteig

1. Den Airfryer auf 165 °C vorheizen.

2. Apfel, Lebkuchengewürz, Zitronensaft, Zucker und Salz in einer Schüssel miteinander vermengen.

3. Die Filoteigblätter übereinanderlegen, in vier gleich große Stücke schneiden. Die Apfelfüllung jeweils auf die Mitte der Teigstücke verteilen. Die Teigränder zur Mitte hin einschlagen und die Teigstücke von der kurzen Seite her aufrollen.

4. Den Korbeinsatz des Airfryers mit Backspray einsprühen, die Apfeltaschen hineingeben und 10 Minuten backen, bis sie goldbraun sind.

5. Die Apfeltaschen aus dem Airfryer nehmen und vor dem Servieren 10 Minuten auf einem Kuchengitter abkühlen lassen.

Klassische Apfeltaschen enthalten in der Regel bis zu 300 Kalorien.

NÄHRWERTE PRO PORTION

Fett gesamt **2 g**	Cholesterin **0 mg**	Kohlenhydrate **24 g**	Zucker **7 g**
ges. Fettsäuren **0 g**	Natrium **173 mg**	Ballaststoffe **1 g**	Protein **2 g**

156 KALORIEN
PRO PORTION

ERGIBT **8 Portionen**
VORBEREITUNG **25 Minuten**
GARZEIT **28–40 Minuten**
RUHEZEIT **70 Minuten**
TEMPERATUR **180 °C**

Dieses Mini-Dessert ist jede Mühe wert! Süße Früchte und luftig-leichter (aber nicht fettiger) Teig machen die Törtchen zum krönenden Abschluss jeder Mahlzeit.

Glasierte Heidelbeer-Pies

Für den Mürbeteig

130 g Mehl
(+ mehr zum Kneten)

½ TL grobes Salz

1 TL Zucker

6 EL kalte Butter,
gewürfelt

Für die Füllung

50 g Heidelbeeren (TK)

1 EL Zucker

¾ TL Speisestärke,
mit 2 EL Wasser
verrührt

Für die Glasur

30 g Puderzucker

2 EL Milch (1,5 % Fett)

1. Für den Teig Mehl, Salz und Zucker in der Küchenmaschine miteinander vermengen. Die Butter hinzufügen und so lange kneten, bis sich die Butter gut mit den restlichen Zutaten verbunden hat. Nach und nach 1–2 EL kaltes Wasser hinzufügen, bis sich der Teig zu einer Kugel formen lässt. Den Teig in Frischhaltefolie gewickelt 1 Stunde im Kühlschrank ruhen lassen.

2. Den Airfryer auf 180 °C vorheizen.

3. Für die Füllung die Heidelbeeren in einer Schüssel mit Zucker und Stärkelösung vermischen. In der Mikrowelle 2 Minuten garen, gut durchrühren und weitere 2 Minuten garen.

4. Den Teig zwischen zwei Lagen Backpapier zu einem Rechteck ausrollen und in acht gleich große, rechteckige Stücke schneiden. Die Füllung auf den Teigstücken verteilen und die Teigränder zu einer Seite überschlagen, sodass Teigtaschen entstehen. Mit einer Gabel die Ränder sorgfältig andrücken und die Oberseite der Teigtaschen vorsichtig einstechen.

5. Den Korbeinsatz des Airfryers mit Backspray einsprühen, drei bis vier Teigtaschen hineingeben und 12 Minuten backen, bis sie goldbraun sind. Die fertigen Heidelbeer-Pies aus dem Airfryer nehmen und die restlichen ebenso zubereiten.

6. In der Zwischenzeit für die Glasur den Puderzucker in einer kleinen Schüssel mit der Milch glattrühren.

7. Die Pies auf ein Kuchengitter geben, mit Glasur bestreichen und vor dem Servieren 10 Minuten abkühlen lassen.

NÄHRWERTE PRO PORTION

Fett gesamt **8 g**	Cholesterin **23 mg**	Kohlenhydrate **18 g**	Zucker **6 g**
ges. Fettsäuren **5 g**	Natrium **72 mg**	Ballaststoffe **1 g**	Protein **2 g**

Da sich diese Apfelkrapfen prima einfrieren lassen, können Sie gleich eine große Menge backen und den ganzen Winter über in herbstlichen Aromen schwelgen.

112 KALORIEN PRO PORTION

ERGIBT **12 Portionen**
VORBEREITUNG **20 Minuten**
GARZEIT **48 Minuten**
RUHEZEIT **30 Minuten**
TEMPERATUR **180 °C**

Beschwipste Apfelkrapfen

110 ml Cidre

100 g Zucker

2 EL Kokosöl, zerlassen

1 Ei (Größe L), verquirlt

60 g Buttermilch

130 g Weizenauszugsmehl

115 g Weizenvollkornmehl

1 TL Backpulver

¾ TL gemahlener Zimt

1 Msp. geriebene Muskatnuss

1 Prise grobes Salz

1 kleiner süßlicher Apfel (z. B. Gala), geschält und fein gehackt

1 EL Puderzucker

1. Den Cidre in einem kleinen Topf bei starker Hitze kurz aufkochen lassen. Die Temperatur reduzieren, bis der Cidre nur noch köchelt, und auf die Hälfte einkochen lassen. Zum Abkühlen beiseitestellen.

2. Cidre, Zucker, Kokosöl, Ei und Buttermilch in einer großen Schüssel miteinander verquirlen. Weizenauszugsmehl, Weizenvollkornmehl, Backpulver, Zimt, Muskatnuss und Salz unterrühren, dann den gehackten Apfel vorsichtig unterheben. Mit einem Küchentuch abgedeckt 20 Minuten im Kühlschrank ruhen lassen.

3. Den Airfryer auf 180 °C vorheizen.

4. Das Backblech des Airfryers mit Backspray einsprühen, 4 EL Teig mit etwas Abstand nebeneinander auf das Backblech geben und 8 Minuten backen, bis die Krapfen aufgegangen und goldbraun sind. Die Apfelkrapfen aus dem Airfryer nehmen und aus dem restlichen Teig weitere 20 Krapfen ebenso ausbacken.

5. Die Apfelkrapfen 10 Minuten auf einem Kuchengitter abkühlen lassen. Vor dem Servieren mit Puderzucker bestäuben.

Ein Krapfen vom Bäcker enthält etwa 400 Kalorien und 20 Gramm Fett!

NÄHRWERTE PRO PORTION

Fett gesamt **3 g**	Cholesterin **16 mg**	Kohlenhydrate **20 g**	Zucker **10 g**
ges. Fettsäuren **2 g**	Natrium **79 mg**	Ballaststoffe **1 g**	Protein **2 g**

230 KALORIEN
PRO PORTION

ERGIBT **8 Portionen**
VORBEREITUNG **20 Minuten**
GARZEIT **60–80 Minuten**
RUHEZEIT **20 Minuten**
TEMPERATUR **165 °C**

Diese Muffins schmecken einfach himmlisch! Banane und Apfelmark verleihen ihnen eine natürliche Süße, sodass sie mit ganz wenig Zucker auskommen.

Bananenmuffins mit Schoko-Chips

65 g Weizenauszugsmehl

75 g Weizenvollkornmehl

¾ TL Backpulver

1 Msp. Natron

1 Msp. gemahlener Zimt

½ TL grobes Salz

100 g Zucker

1 Ei (Größe L), verquirlt

50 ml Rapsöl

1 große Banane, zerdrückt

65 g Apfelmark

Mark von ½ Vanilleschote

60 g Schokotropfen (zartbitter)

1. Den Airfryer auf 165 °C vorheizen.

2. Beide Mehlsorten, Backpulver, Natron, Zimt und Salz in einer großen Schüssel miteinander vermischen. Beiseitestellen.

3. In einer zweiten großen Schüssel Zucker, Ei, Rapsöl, Banane, Apfelmark und Vanillemark miteinander verrühren.

4. Die Bananenmischung zur Mehlmischung geben und vorsichtig unterrühren, bis sich alles gut miteinander verbunden hat. Dann die Schokotropfen unterheben.

5. Acht Auflaufförmchen (7,5 cm ø) mit Backspray ein-sprühen und den Teig gleichmäßig auf die Förmchen verteilen.

6. Zwei bis drei Förmchen in den Korbeinsatz des Airfryers setzen und 20 Minuten backen. Die Muffins sind fertig, wenn an einem in der Mitte hineingesteckten Holz-stäbchen kein Teig mehr haften bleibt. Die Muffins aus dem Airfryer nehmen und die restlichen Muffins ebenso zubereiten.

7. Muffins vor dem Servieren 20 Minuten auf einem Kuchengitter abkühlen lassen.

NÄHRWERTE PRO PORTION

Fett gesamt **10 g**	Cholesterin **23 mg**	Kohlenhydrate **34 g**	Zucker **21 g**
ges. Fettsäuren **2 g**	Natrium **106 mg**	Ballaststoffe **2 g**	Protein **3 g**

164 KALORIEN
PRO PORTION

ERGIBT **4 Portionen**
VORBEREITUNG **10 Minuten**
GARZEIT **15 Minuten**
RUHEZEIT **10 Minuten**
TEMPERATUR **180 °C**

Dieses Dessert wirkt aufwendig. In Wahrheit aber zaubern Sie den sommerlichen Klassiker aus kaum mehr als gefrorenen Pfirsichen und Zutaten aus dem Vorrat.

Pfirsichauflauf

400 g Pfirsiche (TK)

2 EL Zucker

Saft von ½ Zitrone

½ TL Speisestärke

65 g Mehl

½ TL Backpulver

1 Msp. Natron

1 Prise grobes Salz

2 EL kalte Butter, gewürfelt

60 g Buttermilch

1. Den Airfryer auf 180 °C vorheizen.

2. Das Backblech des Airfryers mit Backspray einsprühen. Pfirsiche, 1 EL Zucker, Zitronensaft und Speisestärke darauf gut miteinander vermengen. Beiseitestellen.

3. Den restlichen Zucker (1 EL) in einer großen Schüssel mit Mehl, Backpulver, Natron und Salz vermischen. Die Butter hinzufügen und mit einer Gabel oder einem Teigmischer einarbeiten.

4. Die Buttermilch hinzugeben und alles miteinander verrühren, bis ein weicher Teig entsteht.

5. Den Teig esslöffelweise auf die Pfirsiche setzen und alles 15 Minuten backen.

6. Den Auflauf im Airfryer 10 Minuten abkühlen lassen. Warm servieren.

Achtung: Pfirsiche aus der Dose enthalten zugesetzten Zucker und sind somit ungesünder als TK-Ware.

NÄHRWERTE PRO PORTION

Fett gesamt **6 g**	Cholesterin **16 mg**	Kohlenhydrate **26 g**	Zucker **14 g**
ges. Fettsäuren **4 g**	Natrium **130 mg**	Ballaststoffe **1 g**	Protein **3 g**

Zugegeben: Dieser Schokokuchen mit seinem flüssigen Kern ist reichhaltig, aber immer noch leichter als viele ähnliche Varianten – und einfach köstlich!

290 KALORIEN PRO PORTION

ERGIBT **4 Portionen**
VORBEREITUNG **10 Minuten**
GARZEIT **21 Minuten**
RUHEZEIT **15 Minuten**
TEMPERATUR **180°C**

Warme Schokotörtchen

4 EL Butter

55 g Schokotropfen (zartbitter)

2 Eier (Größe L)

65 g Zucker

35 g Mehl

1 Prise grobes Salz

1. Den Airfryer auf 180°C vorheizen.

2. Butter und Schokotropfen in eine mikrowellenfeste Schüssel geben und in der Mikrowelle 1 Minute erhitzen. Zum Abkühlen beiseitestellen.

3. In einer zweiten Schüssel Eier und Zucker miteinander vermischen, dann die Schokoladenmischung unterrühren.

4. Mehl und Salz vorsichtig unterheben, bis sich alles gerade eben miteinander verbunden hat.

5. Vier Auflaufförmchen (7,5 cm ø) mit Backspray einsprühen und den Teig gleichmäßig auf die Förmchen verteilen. Zwei Förmchen in den Korbeinsatz des Airfryers setzen und die Küchlein 10 Minuten backen. Die fertigen Schokotörtchen aus dem Airfryer nehmen und die restlichen beiden ebenso zubereiten.

6. Die Küchlein in den Förmchen auf einem Kuchengitter 10 Minuten abkühlen lassen. Warm servieren.

Alle lieben Schokokuchen, aber Sie wissen jetzt, wie man dabei 400 Kalorien spart.

NÄHRWERTE PRO PORTION

Fett gesamt **18 g**	Cholesterin **124 mg**	Kohlenhydrate **31 g**	Zucker **24 g**
ges. Fettsäuren **11 g**	Natrium **74 mg**	Ballaststoffe **1 g**	Protein **5 g**

Crumbles sind einfach großartige Desserts: Die Kombination aus saftigem Obst, wärmenden Gewürzen und knackigem Biss lässt jedes Herz höher schlagen.

Birnen-Pistazien-Crumble

160 KALORIEN
PRO PORTION

ERGIBT **4 Portionen**
VORBEREITUNG **10 Minuten**
GARZEIT **40 Minuten**
RUHEZEIT **10 Minuten**
TEMPERATUR **165 °C**

2 mittelgroße Birnen, geschält und klein gewürfelt

Saft von ½ Zitrone

1 TL Speisestärke

3 EL Zucker

½ TL gemahlener Zimt

20 g Haferflocken

1 EL Mehl

1 EL Kokosöl

3 EL gehackte Pistazienkerne

1. Den Airfryer auf 165 °C vorheizen.

2. Birnen, Zitronensaft, Speisestärke, 1 EL Zucker und ¼ TL Zimt in einer Schüssel miteinander vermengen. Beiseitestellen.

3. Für die Streusel in einer zweiten Schüssel den restlichen Zucker (2 EL) mithilfe einer Gabel mit dem restlichen Zimt (¼ TL), den Haferflocken, dem Mehl, dem Kokosöl und den gehackten Pistazien vermischen.

4. Vier Auflaufförmchen (7,5 cm ø) mit Backspray einsprühen, die Birnenmischung gleichmäßig auf die Förmchen verteilen und die Streusel darüberstreuen. Zwei Auflaufförmchen in den Korbeinsatz des Airfryers setzen und den Crumble 20 Minuten backen, bis die Streusel goldbraun sind und das Obst Blasen wirft. Die Förmchen mit den Crumble aus dem Airfryer nehmen und die restlichen beiden Crumbles ebenso zubereiten.

5. Die fertigen Crumbles vor dem Servieren 10 Minuten abkühlen lassen.

NÄHRWERTE PRO PORTION

Fett gesamt **6 g**	Cholesterin **0 mg**	Kohlenhydrate **26 g**	Zucker **16 g**
ges. Fettsäuren **3 g**	Natrium **18 mg**	Ballaststoffe **4 g**	Protein **2 g**

260 KALORIEN
PRO PORTION

ERGIBT **8 Portionen**
VORBEREITUNG **10 Minuten**
GARZEIT **15 Minuten**
RUHEZEIT **20 Minuten**
TEMPERATUR **180°C**

Die ideale Kombination aus leckeren Keksen und gesundem Müsli. Jeder Happen ist voller Nährstoffe und dabei unwiderstehlich süß und köstlich.

Müslikekse mit Rosinen

30 g Mehl

1 Prise grobes Salz

1 Msp. Backpulver

1 Msp. gemahlener Zimt

55 g brauner Zucker

50 g Zucker

50 ml Rapsöl

1 Ei (Größe L)

Mark von
    ½ Vanilleschote

110 g Haferflocken
    (Zartblatt)

75 g Rosinen

1. Den Airfryer auf 180 °C vorheizen.

2. Alle Zutaten in einer großen Schüssel miteinander vermengen.

3. Das Backblech des Airfryers mit Backspray einsprühen. Die Haferflockenmischung gleichmäßig darauf verteilen, mit den Händen leicht andrücken und 15 Minuten backen, bis die Oberfläche goldbraun ist.

4. Aus dem Airfryer nehmen und mit dem Backblech 20 Minuten auf einem Kuchengitter abkühlen lassen. In acht gleich große Stücke schneiden und sofort servieren.

NÄHRWERTE PRO PORTION

| Fett gesamt **15 g** | Cholesterin **23 mg** | Kohlenhydrate **30 g** | Zucker **16 g** |
| ges. Fettsäuren **1 g** | Natrium **60 mg** | Ballaststoffe **2 g** | Protein **3 g** |

Aus einfachen Bananen lässt sich ein Dessert zaubern, das Sie guten Gewissens vernaschen können. Schmeckt besonders lecker mit frischen Erdbeeren.

75 KALORIEN
PRO PORTION

ERGIBT **2 Portionen**
VORBEREITUNG **5 Minuten**
GARZEIT **10 Minuten**
RUHEZEIT **10 Minuten**
TEMPERATUR **150 °C**

Gebackene Banane

1 EL brauner Zucker

1 Banane

1. Den Airfryer auf 150 °C vorheizen.

2. Das Backblech des Airfryers mit Backspray einsprühen und den Zucker darin mit 3 EL Wasser verrühren.

3. Die Banane erst quer halbieren, dann beide Stücke noch einmal längs durchschneiden. Die Bananenstücke mit den Schnittflächen auf das Backblech legen und 10 Minuten backen.

4. Die gebackene Banane aus dem Airfryer nehmen und vor dem Servieren 10 Minuten auf einem Kuchengitter abkühlen lassen.

NÄHRWERTE PRO PORTION

Fett gesamt **0 g**	Cholesterin **0 mg**	Kohlenhydrate **19 g**	Zucker **13 g**
ges. Fettsäuren **0 g**	Natrium **1 mg**	Ballaststoffe **2 g**	Protein **1 g**

99 KALORIEN
PRO PORTION

ERGIBT **9 Portionen**
VORBEREITUNG **10 Minuten**
GARZEIT **9–20 Minuten**
RUHEZEIT **5 Minuten**
TEMPERATUR **165 °C**

Diese zarten Blätterteigstangen haben einen Hauch Süße und sind genauso luftig-lecker wie ihre fettgebackenen Verwandten.

Knusperstangen mit Zimtzucker

240 g Blätterteig

50 g Zucker

1 TL gemahlener Zimt

1. Den Airfryer auf 165 °C vorheizen.

2. Den Blätterteig in 18 schmale Streifen schneiden und jeden Streifen vorsichtig zu einer Spirale drehen.

3. Den Korbeinsatz des Airfryers mit Backspray einsprühen, fünf bis sechs Blätterteigstangen hineingeben und 3–5 Minuten backen, bis sie goldbraun sind.

4. In der Zwischenzeit den Zucker in einer flachen Schale mit dem gemahlenen Zimt vermischen.

5. Die Blätterteigstangen aus dem Airfryer nehmen und in der Zimtzuckermischung wenden. Die restlichen Blätterteigstangen ebenso zubereiten.

6. Die Knusperstangen vor dem Servieren 5 Minuten auf einem Kuchengitter abkühlen lassen.

Fettgebackene Blätterteigstangen mit Zimtzucker enthalten mehr als 300 Kalorien und 20 Gramm Fett.

NÄHRWERTE PRO PORTION

| Fett gesamt **5 g** | Cholestrin **0 mg** | Kohlenhydrate **12 g** | Zucker **6 g** |
| ges. Fettsäuren **1 g** | Natrium **35 mg** | Ballaststoffe **0 g** | Protein **1 g** |

Register

Noch mehr schnelle, leckere und gesunde Rezepte:

978-3-8310-3638-7
€ 14,95 [D] € 15,40 [A]

978-3-8310-3414-7
€ 19,95 [D] € 20,60 [A]

978-3-8310-3417-8
€ 14,95 [D] € 15,40 [A]

978-3-8310-3359-1
€ 16,95 [D] € 17,50 [A]

DK Indianapolis
Programmleitung Mike Sanders, Billy Fields
Lektorat Brook Farling, Christopher Stolle
Art Direction William Thomas
Herstellung Brian Massey
Fotografie Kelley Jordan Schuyler
Foodstyling Savannah Norris

Text Dana Angelo White

Für die deutsche Ausgabe
Programmleitung Monika Schlitzer
Redaktionsleitung Caren Hummel
Projektbetreuung Anne Heinel
Herstellungsleitung Dorothee Whittaker
Herstellungskoordination Ksenia Lebedeva
Herstellung Inga Reinke

Übersetzung Cordula Setsman
Lektorat Elke Sagenschneider Text und Projekte,
München

Titel der englischen Originalausgabe:
HEALTHY AIR FRYER COOKBOOK

© Dorling Kindersley Limited, Indianapolis, 2017
Ein Unternehmen der Penguin Random House Group
Alle Rechte vorbehalten.

© der deutschsprachigen Ausgabe by
Dorling Kindersley Verlag GmbH, München, 2018
Ein Unternehmen der Penguin Random House Group
Alle deutschsprachigen Rechte vorbehalten

Jegliche – auch auszugsweise – Verwertung,
Wiedergabe, Vervielfältigung oder Speicherung,
ob elektronisch, mechanisch, durch Fotokopie oder
Aufzeichnung, bedarf der vorherigen schriftlichen
Genehmigung durch den Verlag.

ISBN 978-3-8310-3639-4

Druck und Bindung TBB, a.s., Slowakei

www.dorlingkindersley.de

Hinweis
Die Informationen und Ratschläge in diesem Buch sind von der
Autorin und vom Verlag sorgfältig erwogen und geprüft, dennoch
kann eine Garantie nicht übernommen werden.
Eine Haftung der Autorin bzw. des Verlags und seiner Beauftragten
für Personen-, Sach- und Vermögensschäden ist ausgeschlossen.